A Energia Espiritual

Henri Bergson nasceu em Paris em 1859. Estudou na Ecole Normale Supérieure de 1877 a 1881 e passou os 16 anos seguintes como professor de filosofia. Em 1900 tornou-se professor no Collège de France e, em 1927, ganhou o Prêmio Nobel de Literatura. Bergson morreu em 1941. Além deste livro escreveu *Matéria e memória* e *Aulas de psicologia e de metafísica*, ambos publicados por esta editora.

Henri Bergson
A Energia Espiritual

Tradução
ROSEMARY COSTHEK ABILIO

Título: *L'ÉNERGIE SPIRITUELLE*
por Presses Universitaires de France
Copyright © Presses Universitaires de France
Copyright © 2009, Livraria Martins Fontes Editora Ltda.,
São Paulo, para a presente edição.

"*Cet ouvrage, publié dans le cadre de l'Année de la France au Brésil et du Programme d'Aide à la Publication Carlos Drummond de Andrade, bénéficie du soutien du Ministère français des Affaires Etrangères.*
« *França.Br 2009* » *l'Année de la France au Brésil (21 avril – 15 novembre) est organisée:*
En France : par le Commissariat général français, le Ministère des Affaires étrangères et européennes, le Ministère de la Culture et de la Communication et Culturesfrance.
Au Brésil : par le Commissariat général brésilien, le Ministère de la Culture et le Ministère des Relations Extérieures."

"*Este livro, publicado no âmbito do Ano da França no Brasil e do programa de apoio à publicação Carlos Drummond de Andrade, contou com o apoio do Ministério francês das Relações Exteriores.*
'*França.Br 2009*' *Ano da França no Brasil (21 de abril a 15 de novembro) é organizado:*
No Brasil: pelo Comissariado geral brasileiro, pelo Ministério da Cultura e pelo Ministério das Relações Exteriores.
Na França: pelo Comissariado geral francês, pelo Ministério das Relações exteriores e europeias, pelo Ministério da Cultura e da Comunicação e por Culturesfrance."

1ª edição 2009
2ª edição 2021

Tradução ROSEMARY COSTHEK ABILIO

Acompanhamento editorial Luzia Aparecida dos Santos
Preparação do original Maria Fernanda Alvares
Revisões Ana Maria de O. M. Barbosa / Maria Regina Ribeiro Machado
Produção gráfica Geraldo Alves
Paginação Studio 3 Desenvolvimento Editorial

Dados Internacionais de Catalogação na Publicação (CIP)
(Câmara Brasileira do Livro, SP, Brasil)

Bergson, Henri, 1859-1941.
A energia espiritual / Henri Bergson ; tradução Rosemary Costhek Abilio. – 2ª. ed. – São Paulo : Editora WMF Martins Fontes, 2021. – (Biblioteca do pensamento moderno)

Título original: L'énergie spirituelle.
ISBN 978-65-86016-45-1

1. Filosofia francesa 2. Psicologia I. Título. II. Série.

20-53199   CDD-194

Índices para catálogo sistemático:
1. Filosofia francesa   194

Cibele Maria Dias - Bibliotecária - CRB-8/9427

Todos os direitos desta edição reservados à
Editora WMF Martins Fontes Ltda.
Rua Prof. Laerte Ramos de Carvalho, 133 01325-030 São Paulo SP Brasil
Tel. (11) 3293-8150 e-mail: info@wmfmartinsfontes.com.br
http://www.wmfmartinsfontes.com.br

ÍNDICE

Prefácio IX

I. A CONSCIÊNCIA E A VIDA

Os grandes problemas – A dedução, a crítica e o espírito sistemático – As *linhas de fatos* – Consciência, memória, antecipação – Quais são os seres conscientes? – A faculdade de escolher – Consciência alerta e consciência entorpecida – Consciência e imprevisibilidade – Mecanismo da ação livre – Tensões de duração – A evolução da vida – O homem – A atividade criadora – Significado da alegria – A vida moral – A vida social – O além.. 1

II. A ALMA E O CORPO

A tese do senso comum – A tese materialista – Insuficiência das doutrinas – Origens metafísicas da hipótese de um paralelismo ou de uma equivalência entre a atividade cerebral e a atividade mental – O que diz a experiência? Papel provável do cérebro – Pensamento e pantomima – A *atenção à vida* – Distração e alienação – O que sugere o estudo da memória e mais particularmente da memória das palavras – Onde se conservam as lembranças? – Da sobrevivência da alma 29

III. "FANTASMAS DE VIVOS" E "PESQUISA PSÍQUICA"

Prevenções contra a "pesquisa psíquica" – A telepatia perante a ciência – Telepatia e coincidência – Caráter da ciência moderna – Objeções que, em nome da ciência, são levantadas contra a pesquisa psíquica – Metafísica envolvida nessas objeções – Em que resultaria um estudo direto da atividade espiritual – Consciência e materialidade – Futuro da pesquisa psíquica... 61

IV. O SONHO

Papel das sensações visuais, auditivas, táteis etc. no sonho – O papel da memória – É um papel criador? – Mecanismo da percepção no sonho e na vigília: analogias e diferenças – Características psicológicas do sono – Desinteressamento e relaxamento – O estado de tensão..... 85

V. A LEMBRANÇA DO PRESENTE E O FALSO RECONHECIMENTO

Descrição do falso reconhecimento – Características que o distinguem: 1.º de certos estados patológicos; 2.º do reconhecimento vago ou incerto – Três sistemas de explicação para o falso reconhecimento considerado como um distúrbio da representação, do sentimento ou da vontade – Crítica dessas teorias – Princípio de explicação proposto para todo um conjunto de distúrbios psicológicos – Como se forma a lembrança – A lembrança do presente – Desdobramento do presente em percepção e lembrança – Por que em geral esse desdobramento é inconsciente – Como ele volta a tornar-se consciente – Efeito de uma "desatenção à vida" – A insuficiência de *elã* 109

VI. O ESFORÇO INTELECTUAL

Qual é a característica intelectual do esforço intelectual? – Os diversos *planos de consciência* e o movimento do espírito que os atravessa – Análise do esforço de memória: evocação instantânea e evocação trabalhosa – Análise do esforço de intelecção: interpretação maquinal e interpretação atenta – Análise do esforço de invenção: o esquema, as imagens e sua adaptação recíproca – Resultados do esforço – Alcance metafísico do problema 153

VII. O CÉREBRO E O PENSAMENTO:
UMA ILUSÃO FILOSÓFICA

Equivalência, admitida por certas doutrinas, entre o cerebral e o mental – Pode-se traduzir essa tese seja em linguagem idealista, seja em linguagem realista? – Expressão idealista da tese: só evita a contradição por uma passagem inconsciente para o realismo – Expressão realista da tese: só escapa à contradição por um deslizamento inconsciente para o idealismo – Oscilações repetidas e inconscientes do espírito entre o idealismo e o realismo – Ilusões complementares que reforçam a ilusão fundamental 191

PREFÁCIO

Já há muito tempo nossos amigos vinham incitando-nos a reunir em volume estudos publicados em diversas coletâneas e dos quais a maioria se tornara inencontrável. Observavam-nos que vários haviam sido traduzidos e editados separadamente, em países diversos, em forma de brochura: um deles (*Introduction à la métaphysique* [Introdução à metafísica]) agora estava à disposição do público em sete ou oito línguas diferentes, mas não em francês. Outros, aliás, eram conferências feitas no exterior e não publicadas na França; uma, dada em inglês, nunca fora divulgada em nossa língua.

Decidimo-nos a empreender a publicação que nos aconselharam com tanta frequência e em termos tão benévolos. A coletânea formará dois volumes. No primeiro estão agrupados trabalhos que tratam de problemas específicos de psicologia e filosofia. Todos eles se resumem na questão da *energia espiritual*; é esse o título que damos ao livro. O segundo volume abrangerá os ensaios referentes ao método, com uma introdução que indicará as origens desse método e os passos seguidos nas aplicações.

I. A CONSCIÊNCIA E A VIDA

Conferência Huxley[1], feita na Universidade de Birmingham em 29 de maio de 1911

Quando a conferência que devemos fazer é dedicada à memória de um cientista, podemos sentir-nos inibidos pela obrigação de abordar um assunto que o teria interessado menos ou mais. Não sinto nenhuma dificuldade desse tipo diante do nome de Huxley*. Dificuldade de fato seria encontrar um problema que tivesse deixado indiferente esse grande espírito, um dos mais abrangentes que a Inglaterra produziu no século passado. Entretanto me pareceu que a tripla questão da consciência, da vida e da relação entre ambas devia ter-se imposto com uma força particular à reflexão de um naturalista que foi um filósofo; e, como, de minha parte, não conheço outra mais importante, foi essa que escolhi.

---

1. Esta conferência foi feita em inglês. Foi publicada nessa língua, com o título "Life and Consciousness", no *Hibbert Journal* de outubro de 1911, e reproduzida no volume *Huxley Memorial Lectures* publicado em 1914. O texto que apresentamos aqui é ora a tradução ora o desenvolvimento da conferência inglesa.

* Trata-se do naturalista inglês Thomas Henry Huxley (1825-1895). (N. da T.)

Mas, no momento de atacar o problema, não me atrevo a contar muito com o apoio dos sistemas filosóficos. O que é perturbador, angustiante, apaixonante para a maioria dos homens nem sempre é o que ocupa o primeiro lugar nas especulações dos metafísicos. De onde viemos? O que somos? Para onde vamos? São questões vitais, ante as quais nos colocaríamos de imediato, se filosofássemos sem passar pelos sistemas. Mas entre essas questões e nós uma filosofia excessivamente sistemática interpõe outros problemas. "Antes de procurar a solução, diz ela, não será preciso saber como procurá-la? Estudai o mecanismo de vosso pensamento, discuti vosso conhecimento e criticai vossa crítica: quando estiverdes seguro do valor do instrumento, pensareis em utilizá-lo." Infelizmente, esse momento nunca chegará. Só vejo um meio de saber até onde se pode ir: é pôr-se a caminho e andar. Se o conhecimento que buscamos é realmente instrutivo, se ele deve dilatar nosso pensamento, toda e qualquer análise prévia do mecanismo do pensamento poderia apenas mostrar-nos a impossibilidade de ir tão longe, visto que teríamos estudado nosso pensamento antes da dilatação que procuramos obter dele. Uma reflexão prematura do espírito sobre si mesmo irá desencorajá-lo de avançar, ao passo que pura e simplesmente avançando ele teria se aproximado do objetivo e, ademais, teria percebido que os obstáculos apontados eram, em sua maioria, efeitos de miragem. Mas vamos supor que o metafísico não troque assim a filosofia pela crítica, o fim pelos meios, o certo pelo incerto. Com excessiva frequência, quando chega diante do problema da origem, da natureza e do destino do homem, ele passa adiante e desloca-se para questões que considera mais elevadas e das quais dependeria a solução daquela outra: especula sobre a existência em geral, sobre o possível e o real, sobre o tempo e o espaço, sobre a espiritualidade e a materialidade; depois desce, de grau em grau, para a consciência e a vida a cuja essência quer chegar. Mas quem não vê que então suas especulações são puramente abstratas e tratam não das coisas em si mesmas, mas da ideia excessivamente simples que ele tem das coisas antes de estudá-las empiricamente? Seria inexplicável o apego deste ou daquele filósofo a um método tão estranho, se esse método não tivesse a tripla vantagem de lisonjear-lhe o amor-próprio, facilitar o trabalho e dar-lhe a ilusão do conhecimento definitivo. Como o conduz a alguma teoria muito geral, a uma ideia quase vazia, ele sempre poderá, mais tarde, colocar retrospectivamente na ideia tudo o que a experiência terá ensinado sobre a coisa: afirmará então que se antecipou à experiência unicamente pela força do raciocínio, que abarcou de antemão numa concepção mais ampla as concepções efetivamente mais restritas, porém as únicas difíceis de formar e as únicas úteis de conservar, às quais se chega pelo aprofundamento dos fatos. Como, por outro lado, nada é mais fácil do que raciocinar geometricamente sobre ideias abstratas, ele constrói sem dificuldade uma doutrina em que tudo se sustenta e que parece impor-se pelo rigor. Mas esse rigor resulta de se ter operado sobre uma ideia esquemática e rígida, em vez de seguir os contornos sinuosos e móveis da realidade. Como seria preferível uma filosofia mais modesta, que fosse diretamente ao objeto sem preocupar-se com os princípios de que este parece depender! Ela já não ambicionaria uma certeza imediata, que só pode ser efêmera. Não teria pressa. Seria uma ascensão gradual para a luz. Levados por uma experiência cada vez mais ampla para probabilidades cada vez mais altas, tenderíamos, como um limite, para a certeza definitiva.

Quanto a mim, considero que não existe um princípio do qual se possa deduzir matematicamente a solução dos grandes problemas. É bem verdade que tampouco vejo um fato decisivo que resolva a questão, como acontece na física e na química. Apenas, em diferentes regiões da experiência creio perceber grupos diversos de fatos, cada um dos quais, sem dar-nos o conhecimento desejado, aponta-nos uma direção onde encontrá-lo. Ora, ter uma direção já é alguma coisa. E ter várias é muito, pois essas direções devem convergir num mesmo ponto, e é justamente esse ponto que estamos buscando. Em resumo, possuímos desde já algumas *linhas de fatos*, que não vão tão longe quanto seria preciso, mas que podemos prolongar hipoteticamente. Eu gostaria de seguir com os senhores algumas delas. Cada uma, tomada isoladamente, nos conduzirá a uma conclusão simplesmente provável; mas todas juntas, por sua convergência, vão colocar-nos diante de uma tal acumulação de probabilidades que nos sentiremos, assim espero, no caminho da certeza. Aliás, iremos aproximar-nos dela indefinidamente, pelo esforço conjunto das boas vontades associadas. Pois a filosofia então já não será uma construção, uma obra sistemática de um pensador único. Comportará e atrairá continuamente adições, correções, retoques. Avançará como a ciência positiva. Será feita, também ela, em colaboração.

Eis a primeira direção que tomaremos. Quem diz espírito diz, antes de tudo, consciência. Mas o que é a consciência? É óbvio que não vou definir algo tão concreto, tão constantemente presente na experiência de cada um de nós. Mas, sem dar da consciência uma definição que seria menos clara do que ela própria, posso caracterizá-la por sua marca mais aparente: consciência significa primeiramente memória. A memória pode ter pouca amplitude; pode não abarcar mais que uma pequena parte do passado; pode não reter mais do que aquilo que acaba de acontecer; mas a memória está aí, ou então a consciência não está. Uma consciência que nada conservasse de seu passado, que incessantemente esquecesse de si mesma, pereceria e renasceria a cada instante: como definir de outro modo a inconsciência? Quando Leibniz dizia que a matéria é "um espírito instantâneo", não a estava declarando (quisesse ele ou não) insensível? Portanto, toda consciência é memória – conservação e acumulação do passado no presente.

Mas toda consciência é antecipação do futuro. Consideremos o direcionamento de nosso espírito em qualquer momento que seja: veremos que ele se ocupa daquilo que existe, mas tendo em vista principalmente o que vai existir. A atenção é uma espera, e não há consciência sem uma certa atenção para a vida. O futuro está ali; ele nos chama, ou melhor, nos puxa para si: essa tração ininterrupta, que nos faz avançar no caminho do tempo, é também a causa de agirmos continuamente. Toda ação é uma invasão ao futuro.

Reter o que já não é, antecipar o que ainda não é: eis aí portanto a primeira função da consciência. Para ela não haveria presente, se o presente se reduzisse ao instante matemático. Esse instante é apenas o limite puramente teórico que separa o passado do futuro; pode, a rigor, ser concebido, mas nunca é percebido: quando julgamos surpreendê-lo, já está longe de nós. O que realmente percebemos é uma certa espessura de duração que se compõe de duas partes: nosso passado imediato e nosso futuro iminente. Sobre esse passado estamos apoiados, sobre esse futuro estamos debruçados; apoiar-se e debruçar-se assim é específico de um ser consciente. Podemos dizer, portanto, que a consciência é um traço de união entre o que foi e o que será, uma ponte lançada entre o passado e o futuro. Mas para que serve essa ponte e o que cabe à consciência fazer?

Para responder à questão, perguntemo-nos quais são os seres conscientes e até onde os domínios da consciência se estendem na natureza. Mas não devemos exigir aqui a evidência completa, rigorosa, matemática; nada obteríamos. Para saber com segurança que um ser é consciente, seria preciso penetrar nele, coincidir com ele, ser ele. Desafio os senhores a provarem, por experiência ou por raciocínio, que eu, eu que lhes estou falando agora, sou um ser consciente. Poderia ser um autômato engenhosamente construído pela natureza, indo, vindo, discorrendo; as próprias palavras com que me declaro consciente poderiam ser pronunciadas inconscientemente. Entretanto, se tal coisa não é impossível, hão de admitir que é improvável. Entre os senhores e mim há uma semelhança externa evidente; e dessa semelhança externa os senhores concluem, por analogia, uma similitude interna. O raciocínio por analogia, concordo, nunca dá mais que uma probabilidade; mas há uma infinidade de casos em que essa probabilidade é bastante alta para equivaler praticamente à certeza. Portanto, vamos seguir o fio da analogia e tentar ver até onde a consciência se estende, em que ponto se detém.

Às vezes se diz: "A consciência está ligada em nós a um cérebro; portanto, é preciso atribuir a consciência aos seres vivos que têm um cérebro e negá-la para os outros." Mas os senhores percebem imediatamente o vício dessa argumentação. Raciocinando da mesma maneira, também se diria: "A digestão está ligada em nós a um estômago; portanto os seres vivos que têm um estômago digerem e os outros não digerem." Ora, seria um grave engano, pois para digerir não é necessário ter um estômago, nem mesmo ter órgãos: uma ameba digere, embora seja apenas uma massa protoplásmica quase indiferenciada. No entanto, à medida que o corpo vivo se complica e se aperfeiçoa, o trabalho vai se dividindo; às funções diversas são atribuídos órgãos diferentes; e a faculdade de digerir localiza-se no estômago e mais geralmente num aparelho digestivo que se desincumbe melhor disso, porque é só o que tem para fazer. Da mesma forma, no homem a consciência está incontestavelmente ligada ao cérebro; mas disso não decorre que um cérebro seja indispensável para a consciência. Quanto mais se desce na série animal, mais os centros nervosos vão simplificando-se e separando-se uns dos outros; por fim, os elementos nervosos desaparecem, submersos na massa de um organismo menos diferenciado: não devemos então supor que, se no topo da escala dos seres vivos a consciência se fixava em centros nervosos muito complicados, ela acompanhe o sistema nervoso ao longo da descida e que, quando a substância nervosa finalmente vem fundir-se em uma matéria viva ainda indiferenciada, a própria consciência se disperse ali, difusa e confusa, reduzida a pouca coisa mas não anulada? A rigor, portanto, tudo o que é vivo poderia ser consciente: em princípio, a consciência é coextensiva à vida. Mas realmente o é? Nunca lhe acontece adormecer ou desfalecer? É provável, e aqui está uma segunda linha de fatos que nos encaminhará para essa conclusão.

No ser consciente que conhecemos melhor, é por intermédio de um cérebro que a consciência trabalha. Vamos olhar um pouco o cérebro humano e ver como ele funciona. O cérebro faz parte de um sistema nervoso que compreende, além do próprio cérebro, uma medula, nervos etc. Na medula estão montados mecanismos, cada um dos quais contém, pronta para ter início, esta ou aquela ação complexa que o corpo realizará quando quiser – assim como os rolos de papel perfurado que alimentam uma pianola desenham previamente as árias que o instrumento tocará. Cada um desses mecanismos pode ser acionado diretamente por uma causa externa: então o corpo executa imediatamente, em resposta à excitação recebida, um conjunto de movimentos coordenados entre si. Mas há casos em que a excitação, em vez de direcionar-se para a medula e obter imediatamente uma reação menos ou mais complexa do corpo, sobe primeiro para o cérebro, depois torna a descer e só aciona o mecanismo da medula depois de tomar o cérebro como intermediário. Por que esse desvio? para que a intervenção do cérebro? Descobriremos facilmente a resposta se considerarmos a estrutura geral do sistema nervoso. O cérebro está em ligação com os mecanismos da medula em geral e não apenas com este ou aquele; recebe também excitações de toda espécie e não apenas esta ou aquela espécie de excitação. Ele é portanto uma encruzilhada onde a estimulação vinda por qualquer via sensorial pode tomar qualquer via motora. É um comutador que permite que a corrente recebida de um ponto do organismo seja lançada na direção de um aparelho de movimento designado livremente. Portanto, o que a excitação, quando faz seu desvio, vai pedir ao cérebro é, evidentemente, que ele acione um mecanismo motor que tenha sido escolhido, e não simplesmente imposto. A medula continha um grande número de respostas já prontas para a questão que as circunstâncias podiam apresentar; a intervenção do cérebro põe em prática a mais apropriada dentre elas. O cérebro é um órgão de *escolha.*

Ora, à medida que descemos ao longo da série animal, encontramos uma separação cada vez menos nítida entre as funções da medula e as do cérebro. A faculdade de escolher, localizada primeiro no cérebro, vai progressivamente se estendendo para a medula, que, aliás, constrói então um número menor de mecanismos e sem dúvida também os monta com menos precisão. Por fim, onde o sistema nervoso é rudimentar e mais ainda onde já não existem elementos nervosos distintos, automatismo e escolha fundem-se: a reação simplifica-se o bastante para parecer quase mecânica; entretanto ainda hesita e tateia, como se fosse voluntária. Pensem na ameba de que falávamos há pouco. Em presença de uma substância que pode servir-lhe de alimento, ela lança para fora de si filamentos capazes de capturar e englobar os corpos estranhos. Esses pseudópodes são órgãos verdadeiros e, portanto, mecanismos; mas são órgãos temporários, criados para essa circunstância e que, assim parece, já manifestam um rudimento de escolha. Em resumo, de alto a baixo da vida animal vemos exercer-se, embora de forma cada vez mais vaga à medida que vamos descendo, a faculdade de escolher, isto é, de responder a uma determinada excitação com movimentos menos ou mais imprevistos. É isso o que encontramos em nossa segunda linha de fatos. Assim se completa a conclusão a que chegávamos inicialmente; pois, se, como dizíamos, a consciência retém o passado e antecipa o futuro, sem dúvida é precisamente porque é chamada a efetuar uma escolha: para escolher, é preciso pensar no que se poderá fazer e rememorar as consequências, vantajosas ou prejudiciais, do que já se fez; é preciso prever e é preciso lembrar. Mas, por outro lado, nossa conclusão, ao completar-se, fornece-nos uma resposta plausível para a pergunta que acabamos de fazer: todos os seres vivos são seres conscientes, ou a consciência abrange apenas uma parte dos domínios da vida?

Se realmente consciência significa escolha e se o papel da consciência é decidir-se, é duvidoso que se encontre consciência em organismos que não se movem espontaneamente e que não têm de tomar decisões. Na verdade, não há ser vivo que pareça totalmente incapaz de movimento espontâneo. Mesmo no mundo vegetal, em que geralmente o organismo está preso no solo, a faculdade de mover-se está mais adormecida do que ausente: desperta quando pode tornar-se útil. Creio que todos os seres vivos, plantas e animais, a possuem de direito; mas muitos renunciam a ela de fato – primeiramente muitos animais, sobretudo aqueles que vivem como parasitas de outros organismos e não precisam deslocar-se para encontrar alimento, depois a maioria dos vegetais: não são eles, como já se disse, parasitas da terra? Assim, parece-me verossímil que a consciência, originalmente imanente a tudo que vive, atenua-se onde não há mais movimento espontâneo e exalta-se quando a vida mantém o rumo da atividade livre. Aliás, cada um de nós já pôde verificar em si mesmo essa lei. Que acontece quando uma de nossas ações deixa de ser espontânea para tornar-se automática? A consciência retira-se dela. Na aprendizagem de um exercício, por exemplo, começamos estando conscientes de cada movimento que executamos, porque ele vem de nós, porque resulta de uma decisão e implica uma escolha; depois, à medida que esses movimentos vão se encadeando mais entre si e se determinando mais mecanicamente uns aos outros, dispensando-nos assim de decidir e escolher, a consciência que deles temos diminui e desaparece. Quais são, por outro lado, os momentos em que nossa consciência alcança mais vivacidade? Acaso não são os momentos de crise interior, em que hesitamos entre dois ou vários partidos a tomar, em que sentimos que nosso futuro será o que tivermos feito? Portanto, as variações de intensidade de nossa consciência parecem realmente corresponder à soma menos ou mais considerável de escolhas ou, se quiserem, de criação que distribuímos em nossa conduta. Tudo leva a crer que isso vale para a consciência em geral. Se consciência significa memória e antecipação, é porque consciência é sinônimo de escolha.

Vamos imaginar então a matéria viva em sua forma elementar, tal como pode ter se apresentado inicialmente. É uma simples massa de geleia protoplásmica, como a da ameba; é deformável à vontade, portanto é vagamente consciente. Agora, para crescer e evoluir, ela tem à frente dois caminhos. Pode direcionar-se no sentido do movimento e da ação – movimento cada vez mais eficiente, ação cada vez mais livre: e isso é o risco e a aventura, mas é também a consciência, com seus graus crescentes de profundidade e intensidade. Por outro lado, pode abandonar a faculdade de agir e de escolher, cujo esboço traz em si, e arranjar-se para obter ali mesmo tudo de que precisa, em vez de ir buscá-lo; isso é então a existência segura, tranquila, burguesa, mas é também o torpor, primeiro efeito da imobilidade; dentro em breve é o entorpecimento definitivo, é a inconsciência. Eram esses os dois caminhos que se ofereciam à evolução da vida. A matéria viva tomou em parte um, em parte o outro. O primeiro assinala genericamente o rumo do mundo animal (digo "genericamente" porque muitas espécies animais renunciam ao movimento e com isso sem dúvida à consciência); o segundo representa genericamente o dos vegetais (torno a dizer "genericamente" porque a mobilidade e provavelmente também a consciência podem ocasionalmente despertar na planta).

Ora, se considerarmos por esse ângulo a vida em seu ingresso no mundo, veremos que traz consigo algo que contrasta com a matéria bruta. O mundo, entregue a si mesmo, obedece a leis fatais. Em condições determinadas, a matéria comporta-se de modo determinado, nada que faz é imprevisível: se nossa ciência fosse completa e nosso poder de cálculo fosse infinito, saberíamos antecipadamente tudo o que acontecerá no universo material inorganizado, em sua massa e em seus elementos, assim como prevemos um eclipse do Sol ou da Lua. Em resumo, a matéria é inércia, geometria, necessidade. Mas com a vida aparece o movimento imprevisível e livre. O ser vivo escolhe ou tende a escolher. Seu papel é criar. Num mundo onde todo o restante é determinado, tem a seu redor uma zona de indeterminação. Como, para criar o futuro, é preciso preparar algo dele no presente, como a preparação do que será só pode ser feita utilizando o que foi, a vida empenha-se desde o início em conservar o passado e antecipar o futuro numa duração em que passado, presente e futuro se encavalam e formam uma continuidade indivisa: essa memória e essa antecipação são, como já vimos, a própria consciência. E é por isso que, de direito se não de fato, a consciência é coextensiva à vida.

Portanto, consciência e materialidade apresentam-se como formas de existência radicalmente diferentes e mesmo antagonistas, que adotam um *modus vivendi* e bem ou mal se entendem entre si. A matéria é necessidade, a consciência é liberdade; porém, por mais que se oponham uma à outra, a vida acha um jeito de reconciliá-las. Isso porque a vida é precisamente a liberdade inserindo-se na necessidade e utilizando-a em seu proveito. A vida seria impossível se o determinismo a que a matéria obedece não pudesse afrouxar seu rigor. Mas suponham que em certos momentos, em certos pontos, a matéria ofereça alguma elasticidade: ali vai instalar-se a consciência. Vai instalar-se fazendo-se minúscula; depois, uma vez no lugar, irá dilatar-se, arredondar sua parcela e acabar obtendo tudo, porque dispõe de tempo e porque mesmo a menor quantidade de indeterminação, adicionando-se indefinidamente a si mesma, dará tanta liberdade quanta se desejar. – Mas voltaremos a encontrar essa mesma conclusão em novas linhas de fatos, que a apresentarão com mais rigor.

Realmente, se quisermos saber como um corpo vivo procede para executar movimentos, veremos que seu método é sempre o mesmo. Consiste em utilizar certas substâncias que poderíamos chamar de explosivas e que, como a pólvora, só esperam uma fagulha para detonar. Refiro-me aos alimentos e mais particularmente às substâncias ternárias – hidratos de carbono e gorduras. Nelas está acumulada uma soma considerável de energia potencial, pronta para converter-se em movimento. Essa energia foi recebida do Sol pelas plantas, lentamente, gradualmente; e o animal que se alimenta de uma planta, ou de um animal que se alimentou de uma planta, ou de um animal que se alimentou de um animal que se alimentou de uma planta etc., simplesmente faz passar para seu corpo um explosivo que a vida fabricou armazenando energia solar. Quando ele executa um movimento, é porque libera a energia assim capturada; para isso tem apenas de tocar num disparador, roçar no gatilho de uma pistola sem atrito, chamar a fagulha: o explosivo detona e o movimento realiza-se na direção escolhida. Se os primeiros seres vivos oscilaram entre a vida vegetal e a vida animal, foi porque a vida, em seus primórdios, se encarregava ao mesmo tempo de fabricar o explosivo e de utilizá-lo para movimentos. À medida que vegetais e animais se diferenciavam, a vida ia cindindo-se em dois reinos, separando assim as duas funções primitivamente reunidas. Aqui ela se ocupava mais em fabricar o explosivo; ali, em fazê-lo detonar. Mas, quer a consideremos no início ou no final de sua evolução, a vida em sua totalidade é sempre um duplo trabalho de acumulação gradual e dispêndio brusco: trata-se, para ela, de conseguir que a matéria, por uma operação lenta e difícil, armazene uma energia de potência que subitamente se tornará energia de movimento. Ora, de que outra maneira procederia uma causa livre, incapaz de romper a necessidade a que a matéria está subordinada, porém capaz de desviá-la, e que, com a influência mínima de que dispõe sobre a matéria, gostaria de obter dela, numa direção cada vez mais selecionada, movimentos cada vez mais poderosos? Procederia precisamente dessa maneira. Procuraria ter de simplesmente acionar um disparador ou fornecer uma fagulha, utilizar instantaneamente uma energia que a matéria teria acumulado durante todo o tempo necessário.

Mas chegaríamos à mesma conclusão também seguindo uma terceira linha de fatos, considerando no ser vivo a representação que precede o ato e não mais a ação propriamente dita. Por qual indício costumamos reconhecer o homem de ação, aquele que deixa sua marca nos acontecimentos em que a sorte o envolve? Não é por ele abarcar uma sucessão menos ou mais longa numa visão instantânea? Quanto maior é a porção do passado que cabe em seu presente, mais pesada é a massa que ele lança no futuro para pressionar contra as eventualidades que se preparam: sua ação, como uma flecha, dispara para a frente com tanto mais força quanto mais retesada para trás era sua representação. Ora, vejam como nossa consciência se comporta ante a matéria que ela percebe: justamente, em um único de seus instantes, abarca milhares de milhões de estimulações que para a matéria inerte são sucessivas e das quais a primeira pareceria para a última um passado infinitamente distante, se a matéria pudesse lembrar-se. Quando abro os olhos e imediatamente torno a fechá-los, a sensação de luz que experimento, e que cabe em um de meus momentos, é a condensação de uma história extraordinariamente longa que se desenrola no mundo exterior. Acontecem ali, sucedendo-se umas às outras, trilhões de oscilações, ou seja, uma série tão grande de eventos que, se eu quisesse contá-los, mesmo com a maior economia de tempo me tomariam milhares de anos. Mas esses eventos monótonos e obscuros, que preencheriam trinta séculos de uma matéria que se tornasse consciente de si mesma, ocupam apenas um instante de minha consciência pessoal, capaz de contraí-los numa sensação pitoresca de luz. Aliás, pode-se dizer o mesmo de todas as outras sensações. Situada na confluência entre a consciência e a matéria, a sensação condensa na duração que é atributo nosso, e que caracteriza nossa consciência, períodos imensos do que poderíamos chamar, por extensão, de duração das coisas. Então, acaso não devemos crer que, se nossa percepção contrai assim os eventos da matéria, é para que nossa ação os domine? Suponhamos, por exemplo, que a necessidade inerente à matéria só pudesse ser forçada, em cada um de seus instantes, dentro de limites extremamente restritos: como procederia uma consciência que mesmo assim quisesse inserir no mundo material uma ação livre, ainda que fosse apenas aquela necessária para acionar um disparador ou para direcionar um movimento? Não procederia precisamente dessa maneira? Não seria de esperar que encontraríamos, entre sua duração e a duração das coisas, tanta diferença de tensão que inumeráveis instantes do mundo material pudessem caber num único instante da vida consciente, de modo que a ação em vista, realizada pela consciência em um de seus momentos, pudesse distribuir-se por um número enorme de momentos da matéria e assim acumular em si as indeterminações praticamente infinitesimais que cada um deles comporta? Em outras palavras, acaso a tensão da duração de um ser consciente não mediria precisamente seu poder de agir, a quantidade de atividade livre e criadora que ele pode introduzir no mundo? Acredito que sim, mas por enquanto não insistirei nisso. Direi apenas que essa nova linha de fatos nos conduz ao mesmo ponto que a anterior. Quer consideremos o ato decretado pela consciência ou a percepção que o prepara, nos dois casos a consciência aparece-nos como uma força que se inserisse na matéria para apossar-se dela e voltá-la para seu proveito. A consciência opera por dois métodos complementares: de um lado, por uma ação explosiva que libera em um instante, na direção escolhida, uma energia que a matéria acumulou durante longo tempo; do outro, por um trabalho de contração que concentra nesse único instante o número incalculável de pequenos eventos que a matéria realiza, e que resume em uma palavra a imensidade de uma história.

Vamos colocar-nos agora no ponto em que essas diferentes linhas de fatos convergem. De um lado, vemos uma matéria sujeita à necessidade, desprovida de memória ou tendo apenas memória suficiente para fazer a ponte entre dois de seus instantes, sendo que cada instante pode ser deduzido do anterior e portanto nada acrescenta ao que já havia no mundo. Do outro lado, a consciência, ou seja, a memória com a liberdade, ou seja, por fim, uma continuidade de criação numa duração na qual há realmente crescimento – duração que se estira, duração em que o passado se mantém indivisível e cresce como uma planta, como uma planta mágica que reinventasse a cada momento sua forma com o desenho de suas folhas e flores. Aliás, que essas duas existências – matéria e consciência – derivam de uma fonte comum é algo que me parece fora de dúvida. Muito tempo atrás, tentei mostrar que, se a primeira é o inverso da segunda, se a consciência é ação que incessantemente se cria e se enriquece, ao passo que a matéria é ação que se desfaz ou se desgasta, nem a matéria nem a consciência se explicam por si mesmas. Não voltarei a isso; limito-me a dizer-lhes que vejo na evolução integral da vida em nosso planeta uma travessia da matéria pela consciência criadora, um esforço para liberar, à custa de engenhosidade e invenção, algo que permanece aprisionado no animal e que apenas no homem se liberta definitivamente.

É inútil detalhar aqui as observações que, desde Lamarck e Darwin, vieram confirmar cada vez mais a ideia de uma evolução das espécies, quero dizer, da geração de umas pelas outras a partir das formas organizadas mais simples. Não podemos recusar nossa adesão a uma hipótese que tem a seu favor o triplo testemunho da anatomia comparada, da embriologia e da paleontologia. Aliás, a ciência mostrou por quais efeitos se expressa, ao longo de toda a evolução da vida, a necessidade que têm os seres vivos de adaptar-se às condições que lhes são criadas. Mas essa necessidade parece explicar que a vida se detenha nestas ou naquelas formas determinadas, e não o movimento que leva a organização cada vez mais para o alto. Um organismo rudimentar está tão bem adaptado quanto o nosso às suas condições de existência, visto que consegue viver nelas: então por que a vida foi se complicando, e complicando-se cada vez mais arriscadamente? Uma certa forma viva que observamos hoje era encontrada já nos tempos mais remotos da era paleozoica; persistiu, imutável, ao longo das idades; portanto, não era impossível para a vida deter-se numa forma definitiva. Por que ela não se limitou a fazer isso, em toda parte onde era possível? por que prosseguiu? por que – se não for impulsionada por um elã, através de riscos cada vez mais maiores, rumo a uma eficiência cada vez mais alta?

É difícil olhar a evolução da vida sem sentir que esse ímpeto interior é uma realidade. Mas não se deve acreditar que ele tenha lançado a matéria viva numa direção única, nem que as diversas espécies representem outras tantas etapas ao longo de um único caminho, nem que o trajeto tenha se efetuado sem empecilhos. É visível que o esforço encontrou resistências na matéria que utilizava; teve de dividir-se no caminho, partilhar entre linhas de evolução diferentes as tendências que portava em si; desviou, retrogradou; às vezes parou totalmente. Somente em duas linhas obteve um sucesso incontestável – sucesso parcial num caso, relativamente completo no outro; refiro-me aos artrópodes e aos vertebrados. No fim da primeira linha encontramos os instintos do inseto; no fim da segunda, a inteligência humana. Portanto estamos autorizados a crer que a força que evolui trazia inicialmente em si, mas confundidos, ou melhor, implicados um no outro, instinto e inteligência.

Em resumo, é como se uma imensa corrente de consciência, na qual se interpenetrassem virtualidades de todo tipo, tivesse atravessado a matéria para impulsioná-la rumo à organização e para torná-la, embora ela seja a própria necessidade, um instrumento de liberdade. Mas a consciência quase foi apanhada na armadilha. A matéria enrola-se em torno dela, curva-a a seu próprio automatismo, entorpece-a em sua própria inconsciência. Em certas linhas de evolução, particularmente as do mundo vegetal, automatismo e inconsciência são a norma; é bem verdade que a liberdade imanente à força evolutiva ainda se manifesta pela criação de formas imprevistas que são autênticas obras de arte; mas essas formas imprevisíveis, uma vez criadas, vão se repetindo maquinalmente: o indivíduo não escolhe. Em outras linhas, a consciência chega a libertar-se o bastante para que o indivíduo encontre algum sentimento e, consequentemente, alguma latitude de escolha; mas as necessidades da existência lá estão, fazendo do poder de escolha um simples auxiliar da necessidade de viver. Assim, da base ao topo da escala da vida, a liberdade está presa a uma corrente que ela, quando muito, consegue alongar. Somente com o homem é dado um salto brusco; a corrente rompe-se. De fato, por mais que o cérebro do homem possa parecer-se com o do animal, tem a particularidade de fornecer meios de opor a cada hábito contraído um outro hábito e a cada automatismo um automatismo antagonista. A liberdade, recuperando-se enquanto a necessidade está às voltas consigo mesma, reduz então a matéria ao estado de instrumento. É como se ela tivesse dividido para reinar.

É provável que o esforço combinado da física e da química resulte um dia na fabricação de uma matéria que se pareça com a matéria viva: a vida procede por insinuação, e a força que impeliu a matéria para fora do puro mecanismo não teria como agir sobre essa matéria se não tivesse primeiramente adotado tal mecanismo – assim como a agulha da via férrea cola-se ao longo do trilho do qual deve desviar o trem. Em outras palavras, em seus primórdios a vida instalou-se num certo tipo de matéria que começava ou poderia ter começado a fabricar-se sem ela. Mas a matéria teria parado aí, se tivesse ficado entregue a si mesma; e sem dúvida é onde parará também o trabalho de fabricação de nossos laboratórios. O homem imitará certas características da matéria viva; não lhe imprimirá o elã em virtude do qual ela se reproduz e, no sentido transformista da palavra, evolui. Ora, essa reprodução e essa evolução são a vida propriamente dita. Uma e outra manifestam um ímpeto interior, a dupla necessidade de crescer em número e em riqueza por multiplicação no espaço e complicação no tempo, enfim os dois instintos que surgem com a vida e que mais tarde serão os dois grandes motores da atividade humana: o amor e a ambição. Visivelmente, diante de nós trabalha uma força que procura libertar-se de seus entraves e também superar a si mesma, dar primeiro tudo o que tem e em seguida mais do que tem: como definir de outro modo o espírito? e em que a força espiritual, se existe, se distinguiria das outras, senão pela faculdade de tirar de si mais do que contém? Mas é preciso levar em conta os obstáculos de todo tipo que essa força encontra no caminho. A evolução da vida, desde suas origens até o homem, evoca a nossos olhos a imagem de uma corrente de consciência que penetrasse na matéria como para abrir uma passagem subterrânea, fizesse tentativas à esquerda e à direita, forçasse menos ou mais em frente, na maior parte do tempo fosse partir-se contra a rocha e entretanto, pelo menos em uma direção, conseguisse abrir caminho e reaparecesse à luz. Essa direção é a linha de evolução que leva ao homem.

Mas por que o espírito se lançou na empreitada? que interesse tinha em perfurar o túnel? Seria o caso de seguir várias linhas de fatos novas, que mais uma vez veríamos convergir num único ponto. Mas teríamos de entrar em tantos detalhes sobre a vida psicológica, sobre a relação psicofisiológica, sobre o ideal moral e o progresso social que faremos melhor indo diretamente para a conclusão. Assim sendo, coloquemos frente a frente matéria e consciência: veremos que a matéria é primeiramente o que divide e o que especifica. Um pensamento entregue a si mesmo oferece uma implicação recíproca de elementos que não podemos dizer que sejam um ou vários: é uma continuidade, e em toda continuidade há confusão. Para tornar-se distinto o pensamento precisa espalhar-se em palavras: só entendemos bem o que temos no espírito quando pegamos uma folha de papel e alinhamos lado a lado termos que se interpenetravam. Assim a matéria distingue, separa, decompõe em individualidades e, por fim, em personalidades, tendências outrora confundidas no elã original da vida. Por outro lado, a matéria provoca e torna possível o esforço. O pensamento que é apenas pensamento, a obra de arte apenas concebida, o poema apenas sonhado ainda não custam trabalho; o que exige esforço é a realização material do poema em palavras, da concepção artística em estátua ou quadro. O esforço é penoso, mas também é valioso, ainda mais valioso do que a obra em que resulta, porque graças a ele a pessoa tirou de si mais do que tinha, elevou-se acima de si mesma. Ora, esse esforço não teria sido possível sem a matéria: pela resistência que ela opõe e pela docilidade a que podemos levá-la, é ao mesmo tempo obstáculo, instrumento e estimulante; põe à prova nossa força, conserva-lhe a marca e pede-lhe intensificação.

Os filósofos que especularam sobre o significado da vida e sobre o destino do homem não observaram bem que a própria natureza se deu ao trabalho de informar-nos sobre isso: avisa-nos por meio de um sinal preciso que nossa destinação foi alcançada. Esse sinal é a alegria. Estou falando da alegria, não do prazer. O prazer não passa de um artifício imaginado pela natureza para obter do ser vivo a conservação da vida; não indica a direção em que a vida é lançada. Mas a alegria sempre anuncia que a vida venceu, que ganhou terreno, que conquistou uma vitória: toda grande alegria tem um toque triunfal. Ora, se levarmos em conta essa indicação e seguirmos essa nova linha de fatos, veremos que em toda parte há alegria, há criação: quanto mais rica é a criação, mais profunda é a alegria. A mãe que contempla seu filho alegra-se, porque tem consciência de havê-lo criado, física e moralmente. Acaso o comerciante que desenvolve seus negócios, o fabricante que vê sua indústria prosperar, alegra-se por causa do dinheiro que ganha e da notoriedade que adquire? Evidentemente riqueza e consideração contam muito na satisfação que sente, porém lhe trazem mais prazeres do que alegria; a alegria verdadeira que ele desfruta é o sentimento de ter montado uma empresa que funciona, de ter dado a vida a algo. Pensem nas alegrias excepcionais, a do artista que realizou seu pensamento, a do cientista que descobriu ou inventou. Ouvirão dizer que esses homens trabalham pela glória e obtêm suas alegrias mais vivas da admiração que inspiram. Profundo erro! O homem dá importância aos elogios e às honrarias na exata medida em que não está seguro de ter obtido êxito. No fundo da vaidade há modéstia. É para tranquilizar-se que ele busca aprovação, e é para sustentar a vitalidade talvez insuficiente de sua obra que gostaria de cercá-la da calorosa admiração dos homens, como se coloca em estufa uma criança nascida prematuramente. Mas quem estiver seguro, absolutamente seguro de que produziu uma obra viável e duradoura, esse não tem mais o que fazer do elogio e sente-se acima da glória, porque é criador, porque sabe disso e porque a alegria que sente é uma alegria divina. Portanto, se em todos os âmbitos o triunfo da vida é a criação, não devemos supor que a vida humana tem sua razão de ser em uma criação que, diferentemente daquela do artista e do cientista, pode prosseguir a todo momento em todos os homens: a criação de si por si, o engrandecimento da personalidade por um esforço que extrai muito do pouco, alguma coisa do nada e aumenta incessantemente a riqueza que havia no mundo?

Vista de fora, a natureza aparece como uma imensa florescência de imprevisível novidade; a força que a anima parece criar com amor, para nada, pelo prazer, a variedade infinita das espécies vegetais e animais; a cada uma ela confere o valor absoluto de uma grande obra de arte; parece empenhar-se na mais primitiva tanto quanto nas outras, tanto quanto no homem. Mas a forma de um ser vivo, uma vez desenhada, repete-se indefinidamente; porém os atos desse ser vivo, uma vez realizados, tendem a imitar a si mesmos e a reiniciarem-se automaticamente: automatismo e repetição, dominando em toda parte exceto no homem, deveriam advertir-nos de que estamos aqui em pontos de parada e que a marcha estacionária com que deparamos não é o movimento próprio da vida. Portanto, o ponto de vista do artista é importante, mas não definitivo. A riqueza e a originalidade das formas marcam sim um florescimento da vida; mas nesse florescimento, cuja beleza significa poder, a vida manifesta igualmente uma suspensão de seu elã e uma impotência momentânea para continuar avançando, como a criança que arredonda num giro gracioso o final de sua escorregadela.

Superior é o ponto de vista do moralista. Somente no homem, sobretudo nos melhores dentre nós, o movimento vital prossegue sem obstáculo, lançando, através dessa obra de arte que é o corpo humano e que ele criou ao passar, a corrente indefinidamente criadora da vida moral. O homem, incessantemente convidado a apoiar-se na totalidade de seu passado para pressionar ainda mais poderosamente o futuro, é o grande êxito da vida. Mas criador por excelência é aquele cuja ação, sendo intensa, é capaz de intensificar também a ação dos outros homens e de ativar, generosa, focos de generosidade. Os grandes homens de bem, e mais particularmente aqueles cujo heroísmo inventivo e simples abriu para a virtude caminhos novos, são reveladores de verdade metafísica. Por mais que estejam no ponto culminante da evolução, estão muito perto das origens e tornam sensível a nossos olhos o impulso que vem do fundo. Consideremo-los atentamente, procuremos experimentar simpaticamente o que experimentam, se quisermos penetrar, por um ato de intuição, no próprio princípio da vida. Para desvendar o mistério das profundezas, às vezes é preciso visar os cimos. O fogo que está no centro da Terra só aparece no cume dos vulcões.

Sobre os dois grandes caminhos que o elã vital encontrou abertos à sua frente, ao longo da série dos artrópodes e da série dos vertebrados, desenvolveram-se em direções divergentes, dizíamos, o instinto e a inteligência, inicialmente confundidos um no outro. No ponto culminante da primeira evolução estão os insetos himenópteros, na extremidade da segunda está o homem; de um lado e do outro, apesar da diferença radical das formas alcançadas e da distância cada vez maior entre os caminhos percorridos, é para a vida social que a evolução conduz, como se a necessidade dela se fizesse sentir desde o início, ou melhor, como se alguma aspiração original e essencial da vida apenas na sociedade pudesse encontrar plena satisfação. A sociedade, que é o compartilhamento das energias individuais, beneficia-se com os esforços de todos e torna mais fácil o esforço de cada um. Ela só pode subsistir se subordinar o indivíduo, só pode progredir se deixá-lo agir: exigências opostas, que seria preciso reconciliar. No inseto, apenas a primeira condição é cumprida. As sociedades de formigas e de abelhas são admiravelmente disciplinadas e unidas, mas estão presas numa rotina imutável. Se nela o indivíduo esquecer de si, a sociedade também esquece sua destinação: ambos, em estado de sonambulismo, fazem e refazem indefinidamente a volta do mesmo círculo, em vez de caminharem diretamente em frente, rumo a uma eficiência social maior e uma liberdade individual mais completa.

As sociedades humanas são as únicas que mantêm o olhar fixado nos dois objetivos a atingir. Em luta consigo mesmas e em guerra umas com as outras, procuram visivelmente, pelo atrito e pelo choque, arredondar ângulos, desgastar antagonismos, eliminar contradições, fazer as vontades individuais inserirem-se na vontade social sem se deformar e as diferentes sociedades, por sua vez, entrarem, sem perder a originalidade nem a independência, em uma sociedade mais ampla: espetáculo inquietante e tranquilizador, que ninguém pode contemplar sem dizer consigo que aqui também, através de obstáculos inúmeros, a vida trabalha individualizando e integrando a fim de obter a maior quantidade, a mais rica variedade, as mais altas qualidades de invenção e de esforço.

Se agora deixarmos esta última linha de fatos para voltarmos à anterior, se levarmos em conta que a atividade mental do homem ultrapassa sua atividade cerebral, que o cérebro armazena hábitos motores mas não lembranças, que as outras funções do pensamento são ainda mais independentes do cérebro que a memória, que portanto a conservação e mesmo a intensificação da personalidade são possíveis e até mesmo prováveis após a desintegração do corpo, não intuiremos que, em sua passagem através da matéria que encontra no mundo, a consciência se tempera como o aço e se prepara para uma ação mais eficiente, para uma vida mais intensa? Essa vida, imagino-a ainda como uma vida de luta e como uma exigência de invenção, como uma evolução criadora: nela cada um de nós iria, unicamente pelo jogo das forças naturais, ocupar um lugar naquele plano moral a que já o alçavam virtualmente aqui embaixo a qualidade e a quantidade de seu esforço, como o balão que deixa o solo adota o nível que sua densidade lhe designava. Reconheço que isso é apenas uma hipótese. Há pouco estávamos na região do provável; agora estamos na do simples possível. Confessemos nossa ignorância, mas não nos resignemos a julgá-la definitiva. Se há um além para as consciências, não vejo por que não descobriríamos como explorá-lo. Nada do que diz respeito ao homem pode ocultar-se, em princípio, do homem. Aliás, às vezes a informação que imaginamos muito longe, no infinito, está ao nosso lado, esperando que nos apeteça colhê-la. Lembrem-se do que aconteceu com um outro além, o dos espaços interplanetários. Auguste Comte declarava que a composição química dos corpos celestes nunca seria conhecida. Alguns anos depois inventava-se a análise espectral, e hoje sabemos, melhor do que se tivéssemos ido lá, de que são feitas as estrelas.

II. A ALMA E O CORPO
Conferência feita na Société Foi et Vie, em 28 de abril de 1912[1]

O título desta conferência é "A alma e o corpo", ou seja, a matéria e o espírito, ou seja, tudo que existe e mesmo, acreditando-se numa filosofia da qual falaremos daqui a pouco, também algo que não existiria. Mas tranquilizem-se. Nossa intenção não é aprofundar a natureza da matéria e tampouco, aliás, a natureza do espírito. É possível distinguir duas coisas uma da outra e determinar até certo ponto as relações entre elas sem para isso conhecer a natureza de cada uma. É impossível para mim, neste momento, travar conhecimento com todas as pessoas ao meu redor; entretanto me distingo delas e também vejo que situação ocupam com relação a mim. O mesmo acontece com o corpo e a alma: definir a essência de um e da outra é uma empreitada que nos levaria longe; mas saber o que os une e o que os separa é mais

---

1. Esta conferência fez parte, com outros estudos escritos por autores diversos, do volume intitulado *Le matérialisme actuel* da Bibliothèque de Philosophie scientifique, publicada sob direção do dr. Gustave Le Bon (ed. Flammarion).

fácil, porque essa união e essa separação são dados de experiência.

Primeiramente, o que diz sobre esse ponto a experiência imediata e simples do senso comum? Cada um de nós é um corpo, subordinado às mesmas leis que todas as outras porções de matéria. Se o impulsionamos, ele avança; se o puxamos para trás, recua; se o erguemos e largamos, volta a cair. Mas, ao lado desses movimentos que são provocados mecanicamente por uma causa externa, há outros que parecem vir de dentro e que contrastam com os anteriores por sua imprevisibilidade: são chamados de "voluntários". Qual é sua causa? É aquilo que cada um de nós designa pelas palavras "eu" ou "mim". E o que é o *eu*? Alguma coisa que parece, com ou sem motivo, transbordar de todas as partes do corpo que está ligado a ela, ultrapassá-lo tanto no espaço como no tempo. No espaço primeiramente, porque o corpo de cada um de nós se detém nos contornos precisos que o limitam, ao passo que, por nossa faculdade de perceber e principalmente de ver, irradiamo-nos para muito além de nosso corpo: vamos até as estrelas. Em seguida no tempo, porque o corpo é matéria, a matéria existe no presente e, se é verdade que o passado lhe deixa marcas, são marcas de passado apenas para uma consciência que as percebe e que interpreta o que percebe à luz do que rememora: é a consciência que retém esse passado; enrola-o sobre si mesmo à medida que o tempo vai se desenrolando e usa-o para preparar um futuro que ela contribuirá para criar. Mesmo o ato voluntário, de que falávamos há pouco, nada mais é que um conjunto de movimentos aprendidos em experiências anteriores e desviados para uma direção sempre nova por essa força consciente cujo papel parece mesmo ser o de trazer continuamente para o mundo alguma coisa nova. Sim, ela cria o novo fora de si mesma, visto que desenha no espaço movimentos imprevistos, imprevisíveis. E cria o novo também no interior de si mesma, visto que a ação voluntária reage sobre aquele que a quer, modifica em certa medida o caráter da pessoa de quem emana e realiza, por uma espécie de milagre, essa criação de si por si que realmente parece ser o próprio objetivo da vida humana. Portanto, em resumo, ao lado do corpo que está confinado no momento presente do tempo e limitado ao lugar que ocupa no espaço, que se comporta como autômato e reage mecanicamente às influências externas, captamos algo que se estende muito além do corpo no espaço e que perdura ao longo do tempo, algo que pede ou impõe ao corpo movimentos não mais automáticos e previstos, e sim imprevisíveis e livres: esse algo que transborda do corpo por todos os lados e que recriando a si mesmo cria atos é o "eu", é a "alma", é o espírito – sendo o espírito precisamente uma força que pode extrair de si mesma mais do que contém, devolver mais do que recebe, dar mais do que tem. É isso que acreditamos ver. É o que aparenta.

Dizem-nos: "Muito bem, mas é só uma aparência. Olhe mais de perto. E ouça o que diz a ciência. Primeiramente, você mesmo reconhecerá que nunca vê essa 'alma' operar sem um corpo. O corpo acompanha-a desde o nascimento até a morte e, supondo que realmente seja distinta dele, tudo acontece como se estivesse inseparavelmente unida. Sua consciência desfalece se você respirar clorofórmio; exalta-se se você consumir álcool ou café. Uma leve intoxicação já pode causar profundos distúrbios da inteligência, da sensibilidade e da vontade. Uma intoxicação prolongada, como a que certas doenças infecciosas deixam, produzirá a alienação. Se é verdade que nem sempre a autópsia encontra lesões cerebrais nos alienados, pelo menos as encontra com frequência; e, quando não há lesão visível, certamente foi uma alteração química dos tecidos que causou a doença. Mais ainda, a ciência localiza em certas circunvoluções precisas do cérebro algumas funções determinadas do espírito, como a faculdade de realizar movimentos voluntários, de que você falava há pouco. Lesões deste ou daquele ponto da zona rolândica, entre o lobo frontal e o lobo parietal, provocam a perda dos movimentos do braço, da perna, da face, da língua. Mesmo a memória, que você torna uma função essencial do espírito, pôde ser parcialmente localizada: na base da terceira circunvolução frontal esquerda ficam as lembranças dos movimentos de articulação da fala; numa região que abrange a primeira e a segunda circunvoluções temporais esquerdas conserva-se a memória do som das palavras; na parte posterior da segunda circunvolução parietal esquerda estão armazenadas as imagens visuais das palavras e das letras etc. Vamos mais longe. Você dizia que, tanto no espaço como no tempo, a alma transborda do corpo a que está unida. Vejamos quanto ao espaço. É verdade que a visão e a audição vão além dos limites do corpo; mas por quê? Porque vibrações vindas de longe impressionaram o olho e o ouvido, transmitiram-se para o cérebro; ali, no cérebro, a excitação tornou-se sensação auditiva ou visual; portanto, a percepção é interna ao corpo e não se amplia. Vamos para o tempo. Você afirma que o espírito abarca o passado, ao passo que o corpo está confinado num presente que recomeça ininterruptamente. Mas só nos lembramos do passado porque nosso corpo ainda conserva presente sua marca. As impressões feitas no cérebro pelos objetos permanecem nele, como imagens numa chapa sensibilizada ou fonogramas em discos fonográficos; assim como o disco repete a melodia quando fazemos o aparelho funcionar, assim o cérebro ressuscita a lembrança quando a estimulação desejada se produz no ponto onde a impressão está depositada. Portanto, nem no tempo nem tampouco no espaço a 'alma' ultrapassa o corpo... Mas haverá realmente uma alma distinta do corpo? Acabamos de ver que no cérebro ocorrem continuamente mudanças, ou, falando mais precisamente, deslocamentos e novos agrupamentos de moléculas e de átomos. Alguns deles expressam-se pelo que chamamos de sensações; outros, por lembranças; há, sem a menor dúvida, os que correspondem a todos os fatos intelectuais, sensíveis e voluntários: a consciência junta-se a eles como uma fosforescência; ela é como o traço luminoso que segue e desenha o movimento do fósforo que riscamos, na escuridão, ao longo de uma parede. Essa fosforescência, iluminando a si mesma, por assim dizer, cria singulares ilusões de óptica interna; é assim que a consciência imagina que modifica, dirige, produz os movimentos dos quais ela é apenas o resultado; nisso consiste a crença numa vontade livre. A verdade é que, se pudéssemos, através do crânio, ver o que acontece no cérebro que trabalha, se para observar seu interior dispuséssemos de instrumentos capazes de aumentar milhões e milhões de vezes mais do que nossos microscópios que mais aumentam, se assistíssemos assim à dança das moléculas, átomos e elétrons de que o córtex cerebral é feito e se, por outro lado, possuíssemos a tabela de correspondência entre o cerebral e o mental, quero dizer, o dicionário que permitisse traduzir cada figura da dança em linguagem de pensamento e de sentimento, saberíamos tão bem quanto a suposta 'alma' tudo o que ela pensa, sente e quer, tudo o que acredita fazer livremente mas faz mecanicamente. Saberíamos até muito melhor que ela, pois essa pretensa alma consciente aclara apenas uma pequena parte da dança intracerebral, é apenas o conjunto dos fogos-fátuos que esvoaçam acima destes ou daqueles agrupamentos privilegiados de átomos, ao passo que assistiríamos a todos os agrupamentos de todos os átomos, à dança intracerebral inteira. Sua 'alma consciente' é, quando muito, um efeito que percebe efeitos; quanto a nós, veríamos os efeitos e as causas."

Isso é o que às vezes dizem em nome da ciência. Mas é bem evidente – não é mesmo? – que, se denominamos "científico" o que é observado ou observável, demonstrado ou demonstrável, uma conclusão como essa que acabam de apresentar nada tem de científica, visto que no estado atual da ciência não entrevemos sequer a possibilidade de verificá-la. Alegam, é bem verdade, que a lei de conservação da energia se opõe a que mesmo a menor parcela de força ou de movimento seja criada no Universo, e que, se as coisas não acontecessem mecanicamente como acabam de falar, se uma vontade eficiente interviesse para realizar atos livres, a lei de conservação da energia seria violada. Mas raciocinar assim é simplesmente admitir o que está em questão; pois a lei de conservação da energia, como todas as leis físicas, é tão somente o resumo de observações feitas sobre fenômenos físicos; expressa o que acontece numa área em que ninguém nunca sustentou que houvesse capricho, escolha ou liberdade; e trata-se precisamente de saber se ela continua a verificar-se em casos em que a consciência (que, afinal de contas, é uma faculdade de observação e que, à sua maneira, experimenta) se sente em presença de uma atividade livre. Tudo o que se apresenta diretamente aos sentidos ou à consciência, tudo o que é objeto de experiência, seja externa ou interna, deve ser considerado real enquanto não for demonstrado que se trata de simples aparência. Ora, não há dúvida de que nos sentimos livres, de que essa é nossa impressão imediata. Portanto, aos que sustentam que esse sentimento é ilusório cabe o ônus da prova. E eles não provam nada parecido, pois não fazem mais que estender arbitrariamente para as leis voluntárias uma lei verificada em casos em que a vontade não intervém. Aliás, é bem possível que, se a vontade for capaz de criar energia, a quantidade de energia criada seja pequena demais para afetar sensivelmente nossos instrumentos de medida; mesmo assim seu efeito poderá ser enorme, como o da fagulha que faz um barril de pólvora explodir. Não vou entrar num exame profundo desse ponto. Basta-me dizer que, se considerarmos o mecanismo do movimento voluntário em particular, o funcionamento do sistema nervoso em geral, por fim a própria vida no que ela tem de essencial, chegaremos à conclusão de que o constante artifício da consciência, desde suas origens mais humildes nas formas vivas mais elementares, é converter para seus fins o determinismo físico, ou melhor, contornar a lei de conservação da energia, obtendo da matéria uma fabricação cada vez mais intensa de explosivos cada vez mais utilizáveis; basta então uma ação extremamente fraca, como a de um dedo que apertasse sem esforço o gatilho de uma pistola sem atrito, para liberar no momento desejado, na direção escolhida, a maior soma possível de energia acumulada. O glicogênio armazenado nos músculos é efetivamente um verdadeiro explosivo: por meio dele realiza-se o movimento voluntário. Fabricar e utilizar explosivos desse tipo parece ser a preocupação contínua e essencial da vida, desde sua aparição em massas protoplásmicas deformáveis à vontade até seu pleno florescimento em organismos capazes de ações livres. Porém, mais uma vez, não quero insistir aqui num ponto do qual me ocupei longamente em outro lugar. Por isso fecho o parêntese que não precisaria ter aberto e volto ao que dizia primeiro, à impossibilidade de chamar de científica uma tese que não é demonstrada nem sequer sugerida pela experiência.

O que nos diz de fato a experiência? Ela nos mostra que a vida da alma, ou, se os senhores preferirem, a vida da consciência, está ligada à vida do corpo, que há solidariedade entre ambas, nada mais. Mas esse ponto nunca foi contestado por ninguém, e há uma grande distância entre ele e a afirmação de que o cerebral é equivalente ao mental, de que poderíamos ler num cérebro tudo o que acontece na consciência correspondente. Uma roupa é solidária com o prego em que está pendurada; cai se arrancarmos o prego; oscila se ele balançar; fura, rasga se a cabeça do prego for muito pontuda; isso não significa que cada detalhe do prego corresponda a um detalhe da roupa, nem que o prego seja equivalente à roupa; significa menos ainda que o prego e a roupa sejam a mesma coisa. Assim, a consciência está incontestavelmente ligada a um cérebro, mas daí não resulta de modo algum que o cérebro desenhe todos os detalhes da consciência, nem que a consciência seja uma função do cérebro. Tudo o que a observação, a experiência e portanto a ciência nos permitem afirmar é que existe uma certa *relação* entre o cérebro e a consciência.

Qual é essa relação? Ah! é aqui que podemos perguntar-nos se a filosofia deu realmente o que tínhamos o direito de esperar dela. À filosofia cabe a tarefa de estudar a vida da alma em todas suas manifestações. Experiente em observação interior, o filósofo deveria descer ao fundo de si mesmo e depois, voltando à superfície, acompanhar o movimento gradual pelo qual a consciência se distende, se estende, se prepara para evoluir no espaço. Assistindo a essa materialização progressiva, espiando os procedimentos pelos quais a consciência se exterioriza, ele obteria pelo menos uma vaga intuição do que pode ser a inserção do espírito na matéria, a relação entre o corpo e a alma. Seria, sem dúvida, apenas um primeiro lampejo, não mais que isso. Mas esse lampejo nos orientaria em meio aos inúmeros fatos de que a psicologia e a patologia dispõem. Esses fatos, por sua vez, corrigindo e complementando o que na experiência interna houvesse sido defeituoso ou insuficiente, retificariam o método de observação interior. Assim, por idas e vindas entre dois centros de observação, um dentro e o outro fora, obteríamos uma solução cada vez mais aproximada do problema – nunca perfeita, como tão frequentemente pretendem ser as soluções do metafísico, mas sempre perfectível, como as do cientista. É verdade que do interior teria vindo o primeiro impulso, à visão interna teríamos pedido o principal esclarecimento; e é por isso que o problema continuaria a ser o que deve ser: um problema de filosofia.

Mas o metafísico não desce facilmente das alturas onde gosta de manter-se. Platão convidava-o a voltar-se para o mundo das Ideias. É lá que ele se instala de bom grado, vivendo no meio dos puros conceitos, levando-os a concessões recíprocas, conciliando bem ou mal uns com os outros, exercendo nesse meio requintado uma diplomacia erudita. Hesita em entrar em contato com os fatos, quaisquer que sejam, mais ainda com fatos como as doenças mentais: teria medo de sujar as mãos. Em resumo, a teoria que a ciência tinha o direito de esperar aqui da filosofia – teoria flexível, perfectível, calcada no conjunto de fatos conhecidos –, a filosofia não quis ou não pôde dar-lhe.

Então, muito naturalmente, o cientista disse consigo: "Visto que a filosofia não me pede que, com base em fatos e razões, delimite deste ou daquele modo determinado, nestes ou naqueles pontos determinados, a suposta correspondência entre o mental e o cerebral, provisoriamente vou agir como se a correspondência fosse perfeita e como se houvesse equivalência ou mesmo identidade. Eu, fisiologista, com os métodos de que disponho – observação e experimentação puramente externas –, vejo apenas o cérebro e tenho domínio apenas sobre o cérebro; por isso vou proceder *como se* o pensamento fosse apenas uma função do cérebro; assim avançarei com mais audácia ainda, terei ainda mais possibilidades de aventurar-me longe. Quando não conhecemos o limite de nosso direito, primeiro supomos que é sem limite; sempre será tempo de recuar." Foi o que disse consigo o cientista; e teria ficado nisso se pudesse dispensar a filosofia.

Mas não se dispensa a filosofia; e, enquanto esperava que os filósofos lhe trouxessem a teoria maleável, modelável na dupla experiência do interior e do exterior, de que a ciência teria necessitado, era natural que o cientista aceitasse das mãos da antiga metafísica a doutrina já pronta, construída de alto a baixo, que melhor combinava com a regra de método que considerara vantajoso seguir. Aliás, ele não tinha escolha. A única hipótese precisa que a metafísica dos três últimos séculos nos legou sobre esse ponto é justamente a de um paralelismo rigoroso entre a alma e o corpo, com a alma exprimindo certos estados do corpo, ou o corpo exprimindo a alma, ou a alma e o corpo sendo duas traduções, em línguas diferentes, de um original que não seria nem um nem outro; nos três casos, o cerebral equivaleria exatamente ao mental. Como a filosofia do século XVII fora levada a essa hipótese? Certamente não pela anatomia e pela fisiologia do cérebro, ciências que mal existiam; tampouco pelo estudo da estrutura, das funções e das lesões do espírito. Não; essa hipótese fora deduzida muito naturalmente dos princípios gerais de uma metafísica concebida, pelo menos em grande parte, para dar um corpo às expectativas da física moderna. As descobertas que acompanharam o Renascimento – principalmente as de Kepler e Galileu – haviam revelado a possibilidade de reduzir os problemas astronômicos e físicos a problemas de mecânica. Daí a ideia de representar a totalidade do universo material, inorganizado e organizado, como uma imensa máquina subordinada a leis matemáticas. Portanto, os corpos vivos em geral e o corpo do homem em particular deviam engrenar-se na máquina como peças num mecanismo de relojoaria; nenhum de nós podia fazer coisa alguma que não fosse previamente determinada, matematicamente calculável. Assim, a alma humana tornava-se incapaz de criar; se ela existisse, era preciso que seus estados sucessivos se limitassem a traduzir em linguagem de pensamento e sentimento as mesmas coisas que seu corpo exprimia em extensão e movimento. Descartes, é bem verdade, ainda não ia tão longe: com o senso que tinha das realidades, preferiu, mesmo em prejuízo do rigor da doutrina, deixar algum espaço para a vontade livre. E se, com Espinosa e Leibniz, essa restrição desapareceu, varrida pela lógica do sistema, se esses dois filósofos formularam com todo o rigor a hipótese de um paralelismo constante entre os estados do corpo e os da alma, pelo menos se abstiveram de fazer da alma um simples reflexo do corpo: teriam dito também que o corpo era um reflexo da alma. Mas eles haviam preparado os caminhos para um cartesianismo diminuído, estreito, segundo o qual a vida mental seria apenas um aspecto da vida cerebral, com a pretensa "alma" reduzindo-se ao conjunto de certos fenômenos cerebrais aos quais a consciência se somaria como um clarão fosforescente. E realmente, ao longo de todo o século XVIII podemos seguir o rastro dessa simplificação progressiva da metafísica cartesiana. À medida que vai se estreitando, ela se infiltra cada vez mais numa fisiologia que, naturalmente, encontra ali uma filosofia muito adequada para dar-lhe essa autoconfiança de que necessita. E é assim que filósofos como Lamettrie, Helvétius, Charles Bonnet, Cabanis, cujos vínculos com o cartesianismo são bem conhecidos, levaram para a ciência do século XIX o que ela melhor podia utilizar da metafísica do século XVII. Assim, é compreensível que cientistas que hoje filosofam sobre a relação entre o psíquico e o físico se aliem à hipótese do paralelismo: os metafísicos praticamente não lhes forneceram outra coisa. Admito ainda que cheguem a preferir a doutrina paralelista a todas as que poderiam ser obtidas pelo mesmo método de construção *a priori*: encontram nessa filosofia um incentivo para irem em frente. Mas que um ou outro deles venha dizer-nos que isso é ciência, que a experiência é que nos revela um paralelismo rigoroso e completo entre a vida cerebral e a vida mental, ah, não! Vamos interrompê-lo e responder-lhe: você, cientista, sem dúvida pode defender essa tese, como o metafísico a defende; mas então quem fala já não é o cientista que existe em você, é o metafísico. Você está simplesmente nos devolvendo o que lhe emprestamos. Já conhecemos a doutrina que está nos trazendo: saiu de nossas oficinas; fomos nós, filósofos, que a fabricamos; e é mercadoria velha, velhíssima. Nem por isso vale menos, com toda certeza; mas também nem por isso é melhor. Ofereça-a tal como é, e não vá fazer passar por um resultado da ciência, por uma teoria modelada pelos fatos e capaz de remodelar-se por eles, uma doutrina que, antes mesmo da eclosão de nossa fisiologia e de nossa psicologia, pôde assumir a forma perfeita e definitiva pela qual se reconhece uma construção metafísica.

Tentaremos então formular a relação entre a atividade mental e a atividade cerebral do modo como apareceria se toda e qualquer ideia preconcebida fosse afastada para levar em conta apenas os fatos conhecidos? Uma fórmula desse tipo, necessariamente provisória, poderá pretender tão somente uma maior ou menor probabilidade. Pelo menos, a probabilidade poderá ir aumentando e a fórmula poderá tornar-se cada vez mais precisa à medida que o conhecimento dos fatos for se ampliando.

Assim sendo, digo-lhes que um exame atento da vida do espírito e de seu acompanhamento fisiológico me leva a crer que o senso comum tem razão e que há infinitamente mais numa consciência humana do que no cérebro correspondente. É essa, em linhas gerais, a conclusão a que chego[2]. Quem pudesse enxergar o interior de um cérebro em plena atividade, acompanhar o vai-

---

2. Para o desenvolvimento desse ponto, ver nosso livro *Matière et Mémoire*, Paris, 1896 (principalmente o segundo e o terceiro capítulos) [trad. bras. *Matéria e memória*, São Paulo, Martins Fontes, 2.ª ed. 2009].

vém dos átomos e interpretar tudo o que eles fazem, sem dúvida ficaria conhecendo alguma coisa do que acontece no espírito, mas só ficaria conhecendo pouca coisa. Conheceria tão somente o que é exprimível em gestos, atitudes e movimentos do corpo, o que o estado de alma contém de ação em via de realização ou simplesmente nascente; o restante lhe escaparia. Com relação aos pensamentos e sentimentos que se desenrolam no interior da consciência, estaria na situação do espectador que vê distintamente tudo o que os atores fazem em cena, mas não ouve uma só palavra do que dizem. Sem dúvida, o vaivém dos atores, seus gestos e atitudes têm sua razão de ser na peça que estão representando; e se conhecermos o texto podemos prever aproximadamente o gesto; mas a recíproca não é verdadeira, e o conhecimento dos gestos informa-nos pouquíssimo sobre a peça, porque numa comédia inteligente há muito mais do que os movimentos que a pontuam. Assim, creio que, se nossa ciência do mecanismo cerebral fosse perfeita e perfeita fosse também nossa psicologia, poderíamos adivinhar o que se passa no cérebro para um estado de alma determinado; mas a operação inversa seria impossível, porque teríamos de escolher, para um mesmo estado do cérebro, entre uma infinidade de estados de alma diferentes, igualmente apropriados[3]. Notem bem, não estou dizendo que um estado de alma *qualquer* possa corresponder a determinado estado cerebral: tendo a moldura, não colocaremos nela nenhum quadro indistintamente: a moldura determina algo do quadro, eliminando antecipadamente

---

3. Mais ainda, esses estados só poderiam ser descritos vagamente, grosseiramente, pois todo estado de alma determinado de uma pessoa determinada é, em seu conjunto, algo imprevisível e novo.

todos os que não tiverem a mesma forma e as mesmas dimensões; mas, desde que a forma e as dimensões coincidam, o quadro caberá na moldura. Assim também para o cérebro e a consciência. Contanto que as ações relativamente simples – gestos, atitudes, movimentos – em que se graduaria um estado de alma complexo sejam realmente as que o cérebro prepara, o estado mental se inserirá exatamente no estado cerebral; mas há uma infinidade de quadros diferentes que caberiam igualmente bem nessa moldura; e consequentemente o cérebro não determina o pensamento; e consequentemente o pensamento, pelo menos em grande parte, é independente do cérebro.

O estudo dos fatos possibilitará uma descrição cada vez mais precisa desse aspecto particular da vida mental que, em nossa opinião, é o único desenhado na atividade cerebral. Trata-se da faculdade de perceber e sentir? Nosso corpo, inserido no mundo material, recebe excitações a que deve responder com movimentos apropriados; o cérebro e, aliás, o sistema cérebro-espinhal em geral preparam esses movimentos; mas a percepção é algo muito diferente[4]. Trata-se da faculdade de querer? O corpo executa movimentos voluntários graças a certos mecanismos, inteiramente montados no sistema nervoso, que esperam apenas um sinal para entrar em funcionamento; o cérebro é o ponto de onde parte o sinal e mesmo o acionamento. A zona rolândica, onde foi localizado o movimento voluntário, realmente é comparável ao posto de controle das agulhas de onde o ferroviário direciona para esta ou aquela via o trem que chega; ou ainda é um comutador, pelo qual determinada excitação ex-

---

4. Sobre esse ponto, ver *Matière et Mémoire*, cap. I.

terna pode ser posta em comunicação com um dispositivo motor escolhido à vontade; mas ao lado dos órgãos do movimento e do órgão da escolha há outra coisa, há a própria escolha. Por fim, trata-se do pensamento? Quando pensamos, é raro não falarmos com nós mesmos: esboçamos ou preparamos – caso não realizemos efetivamente – os movimentos de articulação pelos quais se exprimiria nosso pensamento; e algo dele já deve desenhar-se no cérebro. Mas, acreditamos nós, o mecanismo cerebral do pensamento não se limita a isso: por trás dos movimentos interiores de articulação, que aliás não são indispensáveis, há algo mais sutil e que é essencial. Refiro-me a esses movimentos nascentes que indicam simbolicamente todas as direções sucessivas do espírito. Observem que o pensamento real, concreto, vivo, é algo de que até agora os psicólogos pouco nos falaram, porque ele dificilmente nos dá margem para a observação interior. O que geralmente se estuda com esse nome é menos o pensamento em si do que uma imitação artificial, que se obtém compondo conjuntamente imagens e ideias. Mas com imagens, e mesmo com ideias, não reconstituiremos pensamento, assim como com posições não faremos movimento. A ideia é uma parada do pensamento; nasce quando o pensamento, em vez de continuar seu caminho, faz uma pausa ou volta sobre si mesmo; da mesma forma o calor surge na bala que encontra o obstáculo. Mas, assim como o calor não preexistia na bala, a ideia não é parte integrante do pensamento. Por exemplo, tentem, enfileirando as ideias de *calor, produção, bala* e intercalando as ideias de *interioridade* e *reflexão* contidas nas palavras "em" e "si", reconstituir o pensamento que acabo de expressar com esta frase: "o calor produz-se na bala". Verão que é impossível, que o pensamento era um movimento indivisível e que as ideias correspondentes a cada uma das palavras são simplesmente as representações que surgiriam no espírito em cada instante do movimento do pensamento, *se* o pensamento se detivesse; mas ele não se detém. Portanto, deixem de lado as reconstruções artificiais do pensamento; considerem o pensamento em si; encontrarão nele menos estados do que direções, e verão que ele é essencialmente uma mudança constante e contínua de direção interior, mudança que tende incessantemente a traduzir-se por mudanças de direção exterior, ou seja, por ações e gestos capazes de desenhar no espaço e de expressar metaforicamente, digamos assim, as idas e vindas do espírito. Geralmente não nos damos conta desses movimentos esboçados ou mesmo simplesmente preparados, porque não temos nenhum interesse em conhecê-los; mas somos forçados a notá-los quando perseguimos de perto nosso pensamento para capturá-lo vivo e transferi-lo ainda vivo para a alma de outra pessoa. Por mais que então as palavras sejam adequadamente escolhidas, não dirão o que queremos fazê-las dizer se o ritmo, a pontuação e toda a coreografia do discurso não as ajudarem a levar o leitor, guiado por uma série de movimentos nascentes, a descrever uma curva de pensamento e de sentimento análoga à que nós mesmos descrevemos. Toda a arte de escrever está nisso. É algo semelhante à arte do músico; mas não pensem que a música de que se trata aqui se dirija simplesmente para o ouvido, como se costuma imaginar. Um ouvido estrangeiro, por mais habituado que esteja à música, não fará diferença entre a prosa francesa que achamos musical e a que não o é, entre o que está perfeitamente escrito em francês e o que só o está aproximativamente: prova evidente de que se trata de algo muito diferente de uma harmonia material dos sons. Na realidade, a arte do escritor consiste principalmente em fazer-nos esquecer que ele está empregando palavras. A harmonia que procura é uma certa correspondência entre as idas e vindas de seu espírito e as de seu discurso – correspondência tão perfeita que, transportadas pela frase, as ondulações de seu pensamento se comunicam com o nosso e então cada uma das palavras, tomadas individualmente, já não importa: não há mais nada além do sentido movente que atravessa as palavras, mais nada além de dois espíritos que parecem vibrar em uníssono diretamente, sem intermediário. Portanto o ritmo da linguagem tem como único objetivo reproduzir o ritmo do pensamento; e o que pode ser o ritmo do pensamento senão o dos movimentos nascentes, pouco conscientes, que o acompanham? Esses movimentos, pelos quais o pensamento se exteriorizaria em ações, devem ser preparados e como que pré-formados pelo cérebro. É esse acompanhamento motor do pensamento que sem dúvida perceberíamos se pudéssemos penetrar num cérebro em atividade, e não o pensamento em si.

Em outras palavras, o pensamento está direcionado para a ação; e, quando não resulta numa ação real, esboça uma ou mais ações virtuais, simplesmente possíveis. Essas ações reais ou virtuais, que são a projeção diminuída e simplificada do pensamento no espaço e marcam suas articulações motoras, são o que dele é desenhado na substância cerebral. Portanto, a relação entre o cérebro e o pensamento é complexa e sutil. Se me pedissem para exprimi-la numa fórmula simples, necessariamente grosseira, eu diria que o cérebro é um órgão de pantomima e tão somente de pantomima. Seu papel é imitar a vida do espírito, imitar também as situações externas a que o espírito deve adaptar-se. A atividade cerebral é para a atividade mental o que os movimentos da batuta do maestro são para a sinfonia. A sinfonia ultrapassa por todo lado os movimentos que a compassam; da mesma forma a vida do espírito transborda a vida cerebral. Mas o cérebro, justamente porque extrai da vida do espírito tudo o que ela tem de executável em movimento e de materializável, justamente porque constitui assim o ponto de inserção do espírito na matéria, garante a todo momento a adaptação do espírito às circunstâncias, mantém ininterruptamente o espírito em contato com realidades. Portanto, falando precisamente, ele não é órgão de pensamento, nem de sentimento, nem de consciência; mas faz com que consciência, sentimento e pensamento permaneçam tensionados para a vida real e, consequentemente, capazes de ação eficaz. Digamos, se me permitem, que o cérebro é o órgão da *atenção à vida*.

É por isso que bastará uma leve modificação da substância cerebral para que o espírito inteiro pareça atingido. Falávamos do efeito de certos tóxicos sobre a consciência e mais geralmente da influência da doença cerebral sobre a vida mental. Nesse caso, o que está desarranjado é o próprio espírito, ou não seria antes o mecanismo da inserção do espírito nas coisas? Quando um louco tresvaria, seu raciocínio pode estar de acordo com a mais estrita lógica: ouvindo falar alguém com mania de perseguição, diríamos que é por excesso de lógica que ela peca. Seu erro não é raciocinar mal, é raciocinar ao lado da realidade, fora da realidade, como um homem que sonha. Suponhamos, como parece plausível, que a doença seja causada por uma intoxicação da substância cerebral. Não é de crer que o veneno tenha ido buscar o raciocínio nestas ou naquelas células do cérebro, nem portanto que haja, nestes ou naqueles pontos do cérebro, movimentos de átomos que correspondam ao raciocínio. Não; é provável que o cérebro inteiro é que esteja atingido, assim como é toda a corda esticada que se afrouxa, e não esta ou aquela parte, quando o nó foi mal feito. Mas, assim como basta um mínimo afrouxamento da amarra para que o barco se ponha a dançar sobre as ondas, assim também uma modificação, mesmo pequena, da substância cerebral inteira poderá fazer com que o espírito, perdendo contato com o conjunto de coisas materiais em que usualmente está apoiado, sinta a realidade fugir sob si, vacile e seja tomado de vertigem. De fato, em muitos casos é por um sentimento semelhante à sensação de vertigem que a loucura tem início. O doente fica desorientado. Dirá que para ele os objetos não têm mais a solidez, o relevo, a realidade de antes. Realmente, um relaxamento de tensão, ou melhor, da atenção com que o espírito se fixava na parte do mundo material com a qual estava lidando é o único resultado direto do desarranjo cerebral – sendo o cérebro o conjunto dos dispositivos que permitem que o espírito responda à ação das coisas com reações motoras, efetuadas ou simplesmente nascentes, cuja adequação assegura a perfeita inserção do espírito na realidade.

Essa seria, em linhas gerais, a relação entre o espírito e o corpo. Não me é possível enumerar aqui os fatos e as razões em que essa concepção se fundamenta. Entretanto não posso pedir-lhes que simplesmente acreditem em minha palavra. Como fazer? Parece que haveria inicialmente um meio de acabar rapidamente com a teoria que combato: seria mostrar que a hipótese de uma equivalência entre o cerebral e o mental contradiz a si mesma quando a tomamos com todo o rigor: ela pede que adotemos ao mesmo tempo dois pontos de vista opostos e que empreguemos simultaneamente dois sistemas de notação que se excluem. Já tentei essa demonstração anteriormente; mas, embora seja bem simples, exige certas considerações preliminares sobre o realismo e o idealismo, cuja exposição nos levaria longe demais[5]. Reconheço, aliás, que é possível proceder de modo a dar à teoria da equivalência uma aparência de inteligibilidade, desde que se deixe de forçá-la no sentido materialista. Por outro lado, se o raciocínio puro basta para mostrar-nos que essa teoria deve ser rejeitada, ele não nos diz, não pode dizer o que devemos colocar em seu lugar. De modo que, definitivamente, temos de dirigir-nos à experiência, como antecipávamos. Mas, como passar em revista os estados normais e patológicos que seria preciso levar em conta? Examinar todos eles é impossível; aprofundar estes ou aqueles ainda seria longo demais. Só vejo um meio de sair do apuro: tomar, dentre todos os fatos conhecidos, aqueles que parecem ser os mais favoráveis à tese do paralelismo – na verdade, os únicos em que a tese parece ter encontrado um início de verificação: os fatos da memória. Se pudéssemos então indicar em duas palavras, ainda que de modo imperfeito e grosseiro, como um exame aprofundado desses fatos acabaria refutando a teoria que os invoca e confirmando a que propomos, já seria alguma coisa. Não teríamos a demonstração completa, longe disso; mas pelo menos saberíamos onde se deve buscá-la. É o que vamos fazer.

---

5. Apresentamos essa exposição no final do volume. Ver o último ensaio.

A única função do pensamento para a qual se conseguiu atribuir um lugar no cérebro é efetivamente a memória – mais precisamente a memória das palavras. No início desta conferência, mencionei como o estudo das doenças da linguagem levou a localizar em determinadas circunvoluções do cérebro certas formas da memória verbal. A partir de Broca, que havia mostrado como o esquecimento dos movimentos de articulação da palavra pode resultar de uma lesão da terceira circunvolução frontal esquerda, uma teoria cada vez mais complexa da afasia e de suas condições cerebrais foi se edificando laboriosamente. Sobre essa teoria, aliás, teríamos muito a dizer. Cientistas de indiscutível competência hoje a combatem, baseando-se numa observação mais atenta das lesões cerebrais que acompanham as doenças da linguagem. Nós mesmos, pouco menos de vinte anos atrás (se mencionamos o fato não é por vaidade, mas para mostrar que a observação interior pode sobrepujar métodos que se acredita serem mais eficazes), havíamos sustentado que a doutrina então considerada intocável precisaria pelo menos de um remanejamento. Mas não importa! Há um ponto sobre o qual todo mundo está de acordo: as doenças da memória das palavras são causadas por lesões do cérebro menos ou mais claramente localizáveis. Vejamos então como esse resultado é interpretado pela doutrina que faz do pensamento uma função do cérebro, e mais geralmente pelos que acreditam num paralelismo ou numa equivalência entre o trabalho do cérebro e o do pensamento.

Nada mais simples do que a explicação que apresentam. As lembranças lá estão, acumuladas no cérebro sob forma de modificações imprimidas num grupo de elementos anatômicos; se desaparecerem da memória é porque os elementos anatômicos em que se assentam foram alterados ou destruídos. Há pouco falávamos de clichês, de fonogramas: são as comparações que se encontram em todas as explicações cerebrais da memória; as impressões feitas por objetos externos subsistiriam no cérebro como na chapa sensibilizada ou no disco fonográfico. Quem olhar de perto verá como essas comparações são decepcionantes. Se realmente minha lembrança visual de um objeto, por exemplo, fosse uma impressão deixada por esse objeto em meu cérebro, eu nunca teria a lembrança de um objeto: teria milhares delas, teria milhões, pois mesmo o objeto mais simples e mais estável muda de forma, de dimensão, de nuance, dependendo do ponto de onde o percebo. Portanto, a menos que eu me condene a uma fixidez absoluta ao olhá-lo, a menos que meu olho se imobilize em sua órbita, imagens inumeráveis, não sobreponíveis, irão desenhar-se sucessivamente em minha retina e transmitir-se para meu cérebro. Como será então quando se tratar da imagem visual de uma pessoa, cuja fisionomia muda, cujo corpo é móvel, cujas roupas e cujo entorno são diferentes cada vez que a revejo? Entretanto é incontestável que minha consciência me apresenta uma imagem única ou quase, uma lembrança praticamente invariável do objeto ou da pessoa: prova evidente de que houve aqui algo muito diferente de uma gravação mecânica. Diria o mesmo, aliás, da lembrança auditiva. A mesma palavra, articulada por pessoas diferentes ou pela mesma pessoa em momentos diferentes, em frases diferentes, dá fonogramas que não coincidem entre si: como a lembrança, relativamente invariável e única, do som da palavra seria comparável a um fonograma? Apenas essa consideração já bastaria para tornar suspeita a teoria que atribui as doenças da memória das palavras a uma alteração ou destruição das lembranças propriamente ditas, gravadas automaticamente pelo córtex cerebral.

Mas vejamos o que acontece nessas doenças. Quando a lesão cerebral é grave e a memória das palavras é profundamente atingida, pode ser que uma excitação menos ou mais forte, uma emoção por exemplo, subitamente traga de volta a lembrança que parecia perdida para sempre. Acaso isso seria possível se a lembrança tivesse se depositado na matéria cerebral alterada ou destruída? As coisas se passam muito mais como se o cérebro servisse para *evocar* a lembrança e não para conservá-la. O afásico torna-se incapaz de reencontrar a palavra quando precisa dela; parece rodeá-la de perto, sem ter a força necessária para atingir o ponto exato que seria preciso tocar; no âmbito psicológico, efetivamente, o sinal exterior da força é sempre a precisão. Mas a lembrança parece estar lá: às vezes, substituindo por perífrases a palavra que julga desaparecida, o afásico introduzirá numa delas a própria palavra. O que falha aqui é esse *ajustamento à situação* que o mecanismo cerebral deve proporcionar. Mais especialmente, o que está prejudicado é a faculdade de tornar consciente a lembrança, esboçando antecipadamente os movimentos pelos quais a lembrança, se fosse consciente, se prolongaria em ato. Quando esquecemos um nome próprio, como procedemos para lembrá-lo? Experimentamos todas as letras do alfabeto, uma após outra: primeiro vamos pronunciando-as interiormente; depois, se isso não adiantar, articulamos as letras em voz alta; portanto nos colocamos sucessivamente em todas as diversas disposições motoras entre as quais será preciso escolher; uma vez que a atitude necessária é encontrada, o som da palavra que procuramos insinua-se nela como numa moldura preparada para recebê-lo. É essa mímica real ou virtual, efetuada ou esboçada, que o mecanismo cerebral deve possibilitar. E é ela, sem dúvida, que a doença afeta.

 Reflitam agora sobre o que se observa na afasia progressiva, isto é, nos casos em que o esquecimento das palavras vai se agravando. Em geral, as palavras então desaparecem numa ordem determinada, como se a doença soubesse gramática: primeiro somem os nomes próprios, depois os nomes comuns, em seguida os adjetivos, por fim os verbos. À primeira vista, isso parecerá dar razão à hipótese de uma acumulação das lembranças na substância cerebral. Os nomes próprios, os substantivos comuns, os adjetivos e os verbos constituiriam outras tantas camadas sobrepostas, por assim dizer, e a lesão atingiria essas camadas uma após a outra. Sim, mas a doença pode dever-se às mais diversas causas, assumir as mais variadas formas, começar num ponto qualquer da região cerebral envolvida e avançar em qualquer direção: a ordem de desaparecimento das lembranças permanece a mesma. Acaso isso seria possível se o que a doença ataca fossem as lembranças propriamente ditas? Portanto, o fato deve ser explicado de outro modo. Eis a interpretação muito simples que lhes proponho. Primeiramente, se os nomes próprios desaparecem antes dos nomes comuns, estes antes dos adjetivos, os adjetivos antes dos verbos, é porque é mais difícil lembrar um nome próprio do que um nome comum, um nome comum do que um adjetivo, um adjetivo do que um verbo; portanto, a função de evocação, para a qual evidentemente o cérebro presta sua colaboração, deverá limitar-se a casos cada vez mais fáceis à medida que a lesão do cérebro for se agravando. Mas de onde provém a maior ou menor dificuldade da evocação? E por que, de todas as palavras, os verbos são as que temos menos dificuldade para evocar? Simplesmente porque os verbos expressam ações e uma ação pode ser imitada. O verbo é imitável diretamente, o adjetivo só o é por intermédio do verbo que ele contém, o substantivo pelo duplo intermédio do adjetivo que expressa um de seus atributos e do verbo contido no adjetivo, o nome próprio pelo triplo intermédio do nome comum, do adjetivo e ainda do verbo; portanto, à medida que vamos do verbo para o nome próprio, progressivamente nos afastamos da ação imediatamente imitável, representável pelo corpo; um artifício cada vez mais complicado torna-se necessário para simbolizar em movimento a ideia expressa pela palavra que se procura; e, como cabe ao cérebro a tarefa de preparar esses movimentos, como para isso seu funcionamento está tanto mais diminuído, reduzido, simplificado, quanto mais profundamente a região envolvida estiver lesada, não é de espantar que uma alteração ou destruição dos tecidos, que torna impossível a evocação dos nomes próprios ou dos nomes comuns, deixe subsistir a do verbo. Aqui, como em outros pontos, os fatos incitam-nos a ver na atividade cerebral um extrato imitado da atividade mental, e não um equivalente dessa atividade.

Mas, se a lembrança não foi armazenada no cérebro, onde então se conserva? – Para dizer a verdade, não tenho certeza de que a pergunta "onde" ainda tenha sentido quando não se está mais falando de um corpo. Clichês fotográficos conservam-se numa caixa, discos fonográficos nos compartimentos de uma estante; mas, por que lembranças, que não são coisas visíveis e tangíveis, precisariam de um recipiente, e como poderiam ter um? Entretanto, se assim exigirem, aceitarei, mas tomando-a num sentido puramente metafórico, a ideia de um continente onde as lembranças ficariam alojadas, e então direi muito simplesmente que elas estão no espírito. Não estou levantando uma hipótese nem evocando uma entidade misteriosa; atenho-me à observação, pois não há nada mais imediatamente dado, nada mais evidentemente real do que a consciência, e o espírito humano é a própria consciência. Ora, consciência significa antes de tudo memória. Neste momento estou conversando com os senhores, pronuncio a palavra "conversa". Está claro que minha consciência se representa essa palavra de uma só vez; caso contrário, não a veria como uma palavra única, não lhe atribuiria um sentido. Entretanto, quando articulo a última sílaba da palavra, as duas primeiras já foram articuladas; são passado com relação a esta, que deveria então ser chamada de presente. Mas essa última sílaba, "sa", não a pronunciei instantaneamente: o tempo, por mais breve que fosse, durante o qual a emiti é decomponível em partes, e essas partes são passado com relação à última delas, que seria presente definitivo se por sua vez não fosse decomponível; de modo que, por mais que tentemos, não poderemos traçar uma linha de demarcação entre o passado e o presente, nem, portanto, entre a memória e a consciência. Na verdade, quando articulo a palavra "conversa", tenho presentes no espírito não só o começo, o meio e o fim da palavra como também as palavras anteriores, bem como tudo o que já pronunciei da frase; senão, eu teria perdido o fio de meu discurso. Agora, se a pontuação do discurso tivesse sido diferente, minha frase poderia ter começado mais cedo; teria englobado, por exemplo, a frase anterior e meu "presente" teria se dilatado ainda mais no passado. Levemos até o fim esse raciocínio: suponhamos que meu discurso venha durando anos, desde o primeiro despertar de minha consciência, que ele se prolongue numa frase única, e que minha consciência esteja bastante desapegada do futuro, bastante desinteressada da ação para ocupar-se exclusivamente em abarcar o sentido da frase: então eu não procuraria mais explicação para a conservação integral dessa frase do que procuro para a sobrevivência das duas primeiras sílabas da palavra "conversa" quando pronuncio a última. Ora, acredito que nossa vida interior inteira é algo como uma frase única iniciada já no primeiro despertar da consciência, frase cheia de vírgulas mas em parte alguma interrompida por pontos. E consequentemente acredito também que nosso passado inteiro está aí, subconsciente – quero dizer, presente em nós de tal modo que, para obter sua revelação, nossa consciência não precise sair de si mesma nem acrescer-se de nada externo: para perceber distintamente tudo o que contém em si, ou melhor, tudo o que é, tem apenas de afastar um obstáculo, de levantar um véu. Ditoso obstáculo, aliás! véu infinitamente precioso! É o cérebro que nos presta o serviço de manter nossa atenção concentrada na vida; e a vida, por sua vez, olha para a frente; só se volta para trás na medida em que o passado pode ajudá-la a aclarar e preparar o futuro. Viver, para o espírito, é essencialmente concentrar-se no ato a ser realizado; é, portanto, inserir-se nas coisas por intermédio de um mecanismo que extrairá da consciência tudo o que é utilizável para a ação, mesmo que obscurecendo a maior parte do restante. Esse é o papel do cérebro na operação da memória: ele não serve para conservar o passado, mas primeiro para encobri-lo e depois para deixar transparecer dele o que é útil na prática. E esse é também o papel do cérebro com relação ao espírito em geral. Extraindo do espírito o que é exteriorizável em movimento, inserindo o espírito nessa moldura motora, leva-o a quase sempre limitar sua visão, mas também a tornar eficaz sua ação. Isso significa que o espírito ultrapassa o cérebro por todos os lados e que a atividade cerebral corresponde apenas a uma ínfima parte da atividade mental.

Mas significa também que a vida do espírito não pode ser um efeito da vida do corpo; que, ao contrário, tudo acontece como se o corpo fosse simplesmente utilizado pelo espírito e, portanto, não temos nenhum motivo para supor que o corpo e o espírito estejam inseparavelmente ligados um ao outro. É claro que não vou resolver assim de repente, durante o meio minuto que me resta, o mais importante dos problemas que a humanidade pode propor a si mesma. Mas me arrependeria se não o mencionasse. De onde viemos? Que estamos fazendo aqui no mundo? Para onde vamos? Se realmente a filosofia nada tivesse para responder a essas questões de interesse vital ou se fosse incapaz de elucidá-las progressivamente, como se elucida um problema de biologia ou de história, se não pudesse aplicar nelas uma experiência cada vez mais profunda, uma visão cada vez mais aguçada da realidade, se tivesse de limitar-se a pôr em confronto indefinidamente os que afirmam e os que negam a imortalidade por razões extraídas da essência hipotética da alma ou do corpo, quase seria o caso de dizer, mudando o sentido das palavras de Pascal, que toda a filosofia não vale uma hora de trabalho. Está claro que a imortalidade propriamente dita não pode ser provada experimentalmente: toda experiência refere-se a um período de tempo limitado; e a religião, quando fala de imortalidade, recorre à revelação. Mas já seria alguma coisa, seria muito, poder estabelecer, no terreno da experiência, a possibilidade e mesmo a probabilidade de sobrevivência por um tempo x: deixaríamos fora da área da filosofia a questão de saber se esse tempo é ou não é ilimitado. Ora, reduzido a essas proporções mais modestas, o problema filosófico do destino da alma não me parece nada insolúvel. Eis aqui um cérebro que trabalha. Eis ali uma consciência que sente, pensa e quer. Se o trabalho do cérebro correspondesse à totalidade da consciência, se houvesse equivalência entre o cerebral e o mental, a consciência poderia seguir o destino do cérebro e a morte ser o fim de tudo: pelo menos a experiência não diria o contrário, e o filósofo que afirmasse a sobrevivência ficaria reduzido a apoiar sua tese em alguma construção metafísica – coisa geralmente frágil. Mas, se, como procuramos demonstrar, a vida mental transborda da vida cerebral, se o cérebro se limita a traduzir em movimentos uma pequena parte do que se passa na consciência, então a sobrevivência se torna tão verossímil que o ônus da prova caberá a quem negar, muito mais do que a quem afirmar; pois a única razão para acreditar numa extinção da consciência após a morte é que vemos o corpo desorganizar-se, e essa razão deixa de valer se também a independência da quase totalidade da consciência com relação ao corpo é um fato constatável. Tratando desse modo o problema da sobrevivência, fazendo-o descer das alturas em que a metafísica tradicional o colocou, transportando-o para o campo da experiência, sem dúvida renunciamos a obter de imediato sua solução radical; mas que podemos fazer? Em filosofia é preciso optar entre o puro raciocínio que visa a um resultado definitivo, imperfectível porque é considerado perfeito, e uma observação paciente que dá apenas resultados aproximativos, passíveis de serem corrigidos e complementados indefinidamente. O primeiro método, por querer trazer-nos imediatamente a certeza, condena-nos a permanecer sempre no simples provável, ou melhor, no puro possível, pois é raro que ele não possa servir para demonstrar indiferentemente duas teses opostas, igualmente coerentes, igualmente plausíveis. O segundo método inicialmente visa apenas à probabilidade; mas, como opera num terreno em que a probabilidade pode aumentar sem fim, vai pouco a pouco levando-nos a um estado que equivale praticamente à certeza. Entre essas duas maneiras de filosofar, já fiz minha opção. Ficaria feliz se pudesse ter contribuído, por pouco que fosse, para orientar a dos senhores.

III. "FANTASMAS DE VIVOS" E "PESQUISA PSÍQUICA"
Conferência feita na Society for Psychical Research de Londres, em 28 de maio de 1913

Inicialmente permitam-me dizer-lhes quanto sou grato pela honra que os senhores me fizeram ao convidar-me para a presidência de sua Sociedade. É uma honra que infelizmente não mereço. Conheço apenas por leituras os fenômenos de que a Sociedade se ocupa; eu mesmo nada vi, nada observei. Como então os senhores puderam fazer-me sucessor dos homens eminentes que, um após outro, sentaram neste lugar e eram, todos eles, dedicados aos mesmos estudos que os senhores? Desconfio que houve aqui um efeito de "clarividência" ou de "telepatia"; que de longe os senhores sentiram meu interesse por suas investigações e que me avistaram, a quatrocentos quilômetros de distância, lendo atentamente seus relatos, acompanhando com ardente curiosidade seus trabalhos. De fato, o que os senhores despenderam de engenhosidade, discernimento, paciência, tenacidade na exploração da *terra incognita* dos fenômenos psíquicos sempre me pareceu admirável. Porém, mais que essa engenhosidade e mais que esse discernimento, mais que sua infatigável perseverança, admiro a coragem de que precisaram, sobretudo nos primeiros anos, para lutar contra as prevenções de boa parte do público e para enfrentar a zombaria, que assusta os mais valentes. É por isso que estou orgulhoso, mais orgulhoso do que saberia dizer, por ter sido eleito presidente da Sociedade de Pesquisa Psíquica. Li em algum lugar a história de um subtenente que os imprevistos da batalha, o desaparecimento de seus chefes mortos ou feridos, haviam convocado para a honra de comandar o regimento: durante toda a vida ele pensou nisso, durante toda a vida falou disso, e a lembrança daquelas poucas horas permeou sua existência inteira. Eu sou aquele subtenente, e sempre me felicitarei pela sorte inesperada que me terá posto, não por algumas horas mas por alguns meses, à frente de um regimento de bravos.

Como se explicam as prevenções que as pessoas tiveram contra as ciências psíquicas e que muitos conservam ainda? É claro que são sobretudo os pseudocientistas que condenam, "em nome da Ciência", pesquisas como as dos senhores; físicos, químicos, fisiologistas, médicos fazem parte desta Sociedade, e tornaram-se numerosos os homens de ciência que, sem figurarem entre os senhores, se interessam por seus estudos. Entretanto ainda acontece que cientistas autênticos, prontos para aceitar qualquer trabalho de laboratório por mais miúdo que seja, afastem sistematicamente o que os senhores trazem e rejeitem em bloco o que têm feito. A que se deve isso? Longe de mim a ideia de criticar a crítica deles só pelo prazer de fazer crítica por minha vez. Considero que em filosofia o tempo dedicado à refutação geralmente é tempo perdido. De tantas objeções levantadas por tantos pensadores uns contra os outros, o que resta? nada, ou pouca coisa. O que conta e permanece é o que se apresentou de verdade positiva: em virtude de sua força intrínseca, a afirmação verdadeira substitui a ideia falsa e acaba sendo, sem que se tivesse o trabalho de refutar ninguém, a melhor das refutações. Mas aqui se trata de algo muito diferente de refutar ou criticar. Eu gostaria de mostrar que, por trás das objeções de uns, das zombarias de outros, há, invisível e presente, uma certa metafísica inconsciente de si mesma – inconsciente e portanto inconsistente, inconsciente e portanto incapaz de remodelar-se continuamente, como deve fazer uma filosofia digna desse nome, com base na observação e na experiência –; que, aliás, essa metafísica é natural, que em todo caso está ligada a um hábito contraído há muito tempo pelo espírito humano e que assim se explicam sua persistência e popularidade. Gostaria de afastar o que a encobre, ir direto a ela e ver o que vale. Mas antes de fazer isso e assim chegar ao que é o objeto dos senhores, direi uma palavra sobre seu método – método que compreendo que desnorteie muitos cientistas.

Nada é mais desagradável para o cientista profissional do que ver introduzir, em uma ciência da mesma ordem que a sua, procedimentos de pesquisa e de verificação dos quais sempre se absteve cuidadosamente. Ele tem medo do contágio. Muito legitimamente, é apegado a seu método como o operário às suas ferramentas. Ama-o por si mesmo, independentemente do que proporciona. É justamente nisso, creio eu, que William James definia a diferença entre o amador de ciência e o profissional: o primeiro interessa-se principalmente pelo resultado obtido, e o segundo, pelos processos com que é obtido. Ora, os fenômenos de que os senhores se ocupam são incontestavelmente do mesmo gênero daqueles que são o objeto da ciência natural, ao passo que o método que seguem, e que são obrigados a seguir, frequentemente não tem nenhuma relação com o das ciências da natureza.

Digo que são fatos *do mesmo gênero*. Entendo com isso que seguramente manifestam leis e que também eles são passíveis de se repetirem indefinidamente no tempo e no espaço. Não são fatos como os que estuda o historiador, por exemplo. A história não recomeça; a batalha de Austerlitz aconteceu uma vez e não acontecerá nunca mais. Como as mesmas condições históricas não podem reproduzir-se, o mesmo fato histórico não poderia reaparecer; e como uma lei expressa necessariamente que a certas causas, sempre as mesmas, corresponderá um efeito também sempre o mesmo, a história propriamente dita não trata de leis, mas de fatos particulares e das circunstâncias não menos particulares em que eles aconteceram. A única questão nesse caso é saber se o acontecimento realmente teve lugar em tal momento determinado do tempo, em tal ponto determinado do espaço, e como se deu. Ao contrário, uma alucinação verídica, por exemplo – a aparição de um doente ou de um moribundo a um parente ou amigo que está muito longe, talvez nos antípodas –, é um fato que, se for real, manifesta sem dúvida uma lei análoga às leis físicas, químicas, biológicas. Suponho por um instante que esse fenômeno se deva à ação de uma das duas consciências sobre a outra, que consciências possam comunicar-se assim sem intermediário visível e que haja, como os senhores dizem, "telepatia". Se a telepatia é um fato real, é um fato passível de repetir-se indefinidamente. Vou mais longe: se a telepatia é real, é possível que opere a cada instante e em todas as pessoas, mas com uma intensidade fraca demais para fazer-se notar, ou de tal modo que um mecanismo cerebral, para maior benefício nosso, interrompe o efeito no momento em que ele vai cruzar o limiar de nossa consciência. Produzimos eletricidade a todo momento, a atmosfera está constantemente eletrizada, movimentamo-nos em meio a correntes magnéticas; entretanto, milhões de homens viveram durante milhares de anos sem suspeitar da existência da eletricidade. Da mesma forma, podemos ter passado, sem percebermos, ao lado da telepatia. Mas não importa. Em todo caso um ponto é incontestável: é que, se a telepatia for real, ela é natural, e que, no dia em que conhecêssemos suas condições, já não precisaríamos, para ter um efeito telepático, esperar um "fantasma de vivo", assim como, hoje, para ver a faísca elétrica não precisamos, como outrora, esperar a boa vontade do céu e o espetáculo de um cenário de tempestade.

Esse é portanto um fenômeno que, em razão de sua natureza, pareceria dever ser estudado à maneira do fato físico, químico ou biológico. Ora, não é assim que os senhores procedem: são forçados a recorrer a um método totalmente diverso, que está a meia distância entre o método do historiador e o do juiz de instrução. A alucinação verídica remonta ao passado? os senhores estudam os documentos, criticam-nos, escrevem uma página de história. O fato é recente? procedem a uma espécie de investigação judiciária; entram em contato com as testemunhas, confrontam umas com as outras, informam-se sobre elas. De minha parte, quando repasso na memória os resultados da admirável investigação que os senhores realizaram incansavelmente durante mais de trinta anos, quando penso nas precauções que tomaram para evitar o erro, quando vejo como, na maioria dos casos que escolheram, a narrativa da alucinação fora feita para uma ou várias pessoas, frequentemente até mesmo anotada por escrito antes que a alucinação fosse reconhecida como verídica, quando levo em conta o número enorme de fatos e sobretudo a semelhança entre eles, seu ar de família, a concordância entre tantos testemunhos independentes uns dos outros, todos analisados, inspecionados, submetidos à crítica – sou levado a crer na telepatia assim como acredito, por exemplo, na derrota da Invencível Armada. Não é a certeza matemática que a demonstração do teorema de Pitágoras me dá; não é a certeza física que a verificação da lei de Galileu me proporciona. Pelo menos, é toda a certeza que se obtém em matéria histórica ou jurídica.

Mas é justamente isso que desconcerta um número bastante grande de espíritos. Sem perceberem bem essa razão de sua repugnância, acham estranho que seja preciso tratar historicamente ou judiciariamente fatos que, se forem reais, sem a menor dúvida obedecem a leis e portanto deveriam, assim parece, prestar-se aos métodos de observação e experimentação em uso nas ciências da natureza. Prepare num laboratório o fato a produzir-se e ele será aceito de bom grado; até então, será considerado suspeito. Porque a "pesquisa psíquica" não pode proceder como a filosofia e a química, conclui-se que não é científica; e, como o "fenômeno psíquico" ainda não assumiu a forma simples e *abstrata* que abre para um fato o acesso do laboratório, facilmente seria declarado irreal. É esse, creio eu, o raciocínio "subconsciente" de alguns cientistas.

Torno a encontrar o mesmo sentimento, o mesmo desdém do *concreto*, no fundo das objeções que são levantadas contra algumas conclusões dos senhores. Vou citar apenas um exemplo. Há algum tempo, numa reunião mundana em que estive, a conversa recaiu sobre os fenômenos de que se ocupam. Encontrava-se lá um de nossos grandes médicos, que foi um de nossos grandes cientistas. Depois de escutar atentamente, ele tomou da palavra e expressou-se mais ou menos nestes termos: "Tudo que foi dito aqui me interessa muito, mas peço-lhes que reflitam antes de tirarem uma conclusão. Também conheço um fato extraordinário. E garanto a autenticidade desse fato, porque me foi narrado por uma mulher muito inteligente, cuja palavra me inspira absoluta confiança. O marido dessa senhora era oficial. Foi morto durante um pequeno confronto. Ora, no momento exato em que o marido tombava, a mulher teve a visão da cena, visão precisa, conforme com a realidade em todos os pontos. Talvez os senhores concluam disso, como ela mesma concluía, que tinha havido clarividência, telepatia etc. Estarão esquecendo apenas uma coisa: que a muitas mulheres aconteceu sonharem que o marido estava morto ou moribundo, sendo que ele estava em perfeita saúde. Dá-se destaque aos casos em que a visão acerta em cheio e não se levam em conta os outros. Quem fizesse o levantamento veria que a coincidência é obra do acaso."

A conversa desviou-se para não sei mais qual direção; aliás, estava fora de cogitação começar uma discussão filosófica; não era o lugar nem o momento. Mas, ao sairmos da mesa, uma moça muito jovem, que ouvira com atenção, veio dizer-me: "Parece-me que agora há pouco o doutor argumentava mal. Não vejo onde está o vício de sua argumentação; mas deve haver um vício." Ah, sim, havia um vício! A mocinha é que tinha razão, o grande cientista é que estava errado. Ele fechava os olhos para o que o fenômeno tinha de *concreto*. Raciocinava assim:

"Quando um sonho, quando uma alucinação nos avisa que um parente morreu ou está moribundo, ou isso é verdadeiro ou é falso, ou a pessoa morre ou não morre. E consequentemente, se a visão acertar, seria preciso, para ter certeza de que não se trata de um efeito do acaso, comparar o número de 'casos verdadeiros' com o de 'casos falsos'." Ele não via que seu raciocínio estava baseado numa substituição: substituíra a descrição da cena concreta e vívida – o oficial tombando num momento determinado, num lugar determinado, com tais e tais soldados ao redor – por esta fórmula seca e abstrata: "A mulher estava certa e não errada." Ah, se aceitarmos a transposição para o abstrato, de fato será preciso que comparemos *in abstracto* o número de casos verdadeiros com o número de casos falsos; e talvez vejamos que há mais falsos do que verdadeiros, e o doutor terá tido razão. Mas essa abstração consiste em deixar de lado o que há de essencial: o *quadro* visto pela mulher e que reproduz fielmente uma cena muito complexa, distante dela. Pode-se conceber que um pintor, desenhando em sua tela um detalhe de batalha e confiando para isso em sua fantasia, possa ser tão bem servido pelo acaso que lhe aconteça executar o retrato de soldados reais, realmente envolvidos naquele dia em uma batalha onde faziam os gestos que o pintor lhes atribui? É claro que não. A estimativa das probabilidades, à qual se recorre, nos mostraria que isso é impossível, porque uma cena em que pessoas determinadas tomam atitudes determinadas é algo único em seu gênero, porque as linhas de um rosto humano já são únicas em seu gênero e porque, consequentemente, cada personagem – e mais ainda a cena que os reúne – é decomponível numa infinidade de elementos que para nós são independentes uns dos outros; de modo que seria preciso um número infinito de coincidências para que o acaso fizesse da cena fantasiosa a reprodução de uma cena real[1]; em outras palavras, é matematicamente impossível que um quadro saído da imaginação do pintor desenhe um incidente da batalha exatamente como aconteceu. Ora, a mulher que teve a visão de um detalhe de uma batalha estava na situação desse pintor; sua imaginação executava um quadro. Se o quadro era a reprodução de uma cena real, era absolutamente necessário que ela estivesse vendo essa cena ou que estivesse em contato com uma consciência que a via. A comparação entre o número de "casos verdadeiros" e o de "casos falsos" de nada me serve; a estatística nada tem a ver aqui; o caso único que me apresentam me basta, do momento em que o tomo com tudo o que contém. É por isso que, se fosse uma boa hora para discutir com o doutor, eu lhe teria dito: "Não sei se a narrativa que lhe fizeram era digna de crédito; ignoro se a mulher teve a visão exata da cena que se desenrolava longe dela; mas, se esse ponto me fosse demonstrado, se eu pudesse simplesmente ter certeza de que a fisionomia de um soldado que ela não conhecia, presente na cena, lhe apareceu tal como era na realidade – pois bem, então, ainda que ficasse provado que houve milhares de visões falsas e ainda que nunca tivesse havido outra alucinação verídica além dessa, eu consideraria rigorosa e definitivamente estabelecida a realidade da telepatia, ou mais globalmente a possibilidade de perceber objetos e acontecimentos que nossos sentidos, com todos os instrumentos que ampliam seu alcance, são incapazes de captar."

---

1. E ainda não estamos levando em conta a coincidência *no tempo*, ou seja, o fato de que as duas cenas, cujo conteúdo é idêntico, escolheram o mesmo momento para aparecerem.

Mas já é o bastante sobre esse ponto. Chego à causa mais profunda que até agora retardou a "pesquisa psíquica", dirigindo para um outro lado a atividade dos cientistas.

Às vezes nos espantamos por a ciência moderna ter se desviado dos fatos que interessam aos senhores, ao passo que, sendo experimental, deveria acolher tudo o que for matéria de observação e de experiência. Mas temos de entender-nos sobre o que caracteriza a ciência moderna. Que ela tenha criado o método experimental é indiscutível; mas isso não quer dizer que tenha alargado de todos os lados o campo de experiências em que se trabalhava antes dela. Muito ao contrário, estreitou-o em mais de um ponto; aliás, foi isso que lhe deu força. Os antigos haviam observado muito e mesmo experimentado. Mas observavam ao acaso, em qualquer direção. Em que consistiu a criação do "método experimental"? Em tomar procedimentos de observação e de experimentação que já eram praticados e, em vez de aplicá-los em todas as direções possíveis, fazê-los convergir para um único ponto, a *mensuração* – a mensuração desta ou daquela grandeza variável que se suspeitava depender destas ou daquelas outras grandezas variáveis, também a serem medidas. A "lei", no sentido moderno do termo, é justamente a expressão de uma relação constante entre grandezas que variam. Portanto, a ciência moderna é filha da matemática; nasceu no dia em que a álgebra adquiriu força e flexibilidade bastantes para enlaçar a realidade e prendê-la na rede de seus cálculos. Primeiro apareceram a astronomia e a mecânica, na forma matemática que os modernos lhes deram. Depois desenvolveu-se a física – uma física igualmente matemática. A física suscitou a química, também baseada em medidas, em comparações de pesos e de volumes. Depois da química veio a biologia, que sem dúvida ainda não tem a forma matemática nem está prestes a tê-la, mas também gostaria de, por intermédio da fisiologia, reduzir as leis da vida às da química e da física, ou seja, indiretamente, da mecânica. De modo que, definitivamente, nossa ciência tende sempre para o matemático, como para um ideal: visa essencialmente a medir; e onde o cálculo ainda não é aplicável, quando ela tem de limitar-se a descrever o objeto ou a analisá-lo, procede de modo a considerar apenas o lado capaz de mais tarde tornar-se acessível à medida.

Ora, é da essência das coisas do espírito não prestar-se a medida. Portanto, o primeiro movimento da ciência moderna devia consistir em pesquisar se não seria possível substituir os fenômenos do espírito por certos fenômenos que fossem seus equivalentes e que fossem mensuráveis. Efetivamente, vemos que a consciência tem ligações com o cérebro. Portanto, apoderaram-se do cérebro, aferraram-se ao fato cerebral – cuja natureza na verdade não conhecem, mas sobre a qual sabem que afinal deve resultar em movimentos de moléculas e de átomos, ou seja, em fatos de ordem mecânica – e decidiram proceder como se o cerebral fosse equivalente ao mental. Aliás, toda nossa ciência do espírito, toda nossa metafísica, desde o século XVII até nossos dias, proclama essa equivalência. Fala-se indiferentemente do pensamento ou do cérebro, seja fazendo do mental um "epifenômeno" do cerebral, como quer o materialismo, seja colocando o mental e o cerebral na mesma linha ao considerá-los como duas traduções, em línguas diferentes, do mesmo original. Em resumo, a hipótese de um *paralelismo* rigoroso entre o cerebral e o mental parece eminentemente científica. Instintivamente, a filosofia e a ciência tendem a afastar o que iria contradizer essa hipótese ou contrariá-la. E, à primeira vista, parece ser esse o caso dos fatos que interessam à "pesquisa psíquica", ou pelo menos de muitos deles.

Pois bem, chegou o momento de olhar de frente essa hipótese e indagar o que ela vale. Não insistirei nas dificuldades teóricas que suscita. Em outro lugar mostrei que contradiz a si mesma quando é tomada à risca. Acrescento que a natureza não deve ter-se dado o luxo de repetir em linguagem de consciência o que o córtex cerebral já expressou em termos de movimento atômico ou molecular. Todo órgão supérfluo atrofia-se, toda função inútil desaparece. Uma consciência que fosse apenas uma duplicata e que não agisse teria desaparecido do universo já há muito tempo, supondo-se que algum dia tenha surgido nele; acaso não vemos que nossas ações se tornam inconscientes na medida em que o hábito as torna maquinais? Mas não quero insistir nessas considerações teóricas. O que afirmo é que os fatos, consultados sem parcialidade, não confirmam e nem mesmo sugerem a hipótese do paralelismo.

Efetivamente, para uma única faculdade intelectual pôde-se acreditar que a experiência autorizava a falar de localização precisa no cérebro: refiro-me à memória e mais especialmente à memória das palavras. Nem quanto ao julgamento, nem quanto ao raciocínio, nem quanto a qualquer outro ato de pensamento temos a menor razão para supor que estejam ligados a movimentos intracerebrais cuja marca desenhariam. Ao contrário, as doenças da memória das palavras – ou, como se diz, as afasias – correspondem à lesão de certas circunvoluções cerebrais: de modo que se pôde considerar a memória como uma simples função do cérebro e acreditar que as lembranças visuais, auditivas, motoras das palavras estavam depositadas no interior do córtex – clichês fotográficos que conservariam impressões luminosas, discos fonográficos que registrariam vibrações sonoras. Examinem de perto os fatos que, segundo se declara, atestam uma exata correspondência e como que uma *aderência* da vida mental à vida cerebral (obviamente, deixo de lado as sensações e os movimentos, pois o cérebro é, sem a menor dúvida, um órgão sensório-motor): verão que eles se reduzem aos fenômenos de memória e que é a localização das afasias, e unicamente essa localização, que parece dar à doutrina paralelista um começo de prova experimental.

Ora, um estudo mais profundo das diversas afasias mostraria precisamente a impossibilidade de assimilar as lembranças a clichês ou a fonogramas armazenados no cérebro: no meu entender, o cérebro não conserva as representações ou imagens do passado; simplesmente armazena hábitos motores. Não vou reproduzir aqui a crítica a que há tempos submeti a teoria corrente das afasias – crítica que na época pareceu paradoxal, que efetivamente atacava um dogma científico, mas que o avanço da anatomia patológica veio confirmar (os senhores conhecem os trabalhos do professor Pierre Marie e seus alunos). Limito-me a retomar minhas conclusões. O que me parece ressaltar do estudo atento dos fatos é que as lesões cerebrais características das diversas afasias não atingem as lembranças propriamente ditas e, portanto, não há, armazenadas nestes ou naqueles pontos do córtex cerebral, lembranças que a doença destruiria. Na realidade, essas lesões tornam impossível ou difícil a *evocação* das lembranças; afetam o mecanismo da rememoração, e unicamente esse mecanismo. Mais precisamente, o papel do cérebro é fazer que o espírito, quando necessita de uma lembrança, possa obter do corpo a atitude ou o movimento nascente que apresentar para a lembrança buscada uma moldura apropriada. Se a moldura estiver lá, a lembrança virá, por si mesma, inserir-se nela. O órgão cerebral prepara a moldura, não fornece a lembrança. É isso que nos ensinam as doenças da memória das palavras e, aliás, o que a análise psicológica da memória indicaria.

Se passarmos para as outras funções do pensamento, a hipótese que os fatos nos sugerem primeiramente não é a de um paralelismo rigoroso entre a vida mental e a vida cerebral. No trabalho do pensamento em geral, como na operação da memória, o cérebro aparece simplesmente como encarregado de imprimir ao corpo os movimentos e as atitudes que *representam* o que o espírito *pensa* ou o que as circunstâncias o incitam a pensar. Foi o que expressei em outro lugar ao dizer que o cérebro é um "órgão de pantomima". E acrescentei: "Quem pudesse enxergar o interior de um cérebro em plena atividade, acompanhar o vaivém dos átomos e interpretar tudo que eles fazem, sem dúvida ficaria conhecendo alguma coisa do que acontece no espírito, mas só ficaria conhecendo pouca coisa. Conheceria tão somente o que é exprimível em gestos, atitudes e movimentos do corpo, o que o estado de alma contém de ação em vias de realização ou simplesmente nascente; o restante lhe escaparia. Com relação aos pensamentos e sentimentos que se desenrolam no interior da consciência, estaria na situação do espectador que vê distintamente tudo que os atores fazem em cena, mas não ouve uma só palavra do que dizem." Ou ainda, seria como a pessoa que de uma sinfonia só percebesse os movimentos da batuta do maestro. Isso porque os fenômenos cerebrais são para a vida mental o que os gestos do maestro são para a sinfonia: desenham suas articulações motoras, não fazem outra coisa. Portanto, não encontraria no interior do córtex cerebral nada das operações superiores do espírito. O cérebro, além de suas funções sensoriais, não tem outro papel que não o de imitar, no sentido mais amplo do termo, a vida mental.

Reconheço, aliás, que essa mímica é de primordial importância. É por meio dela que nos inserimos na realidade, que nos adaptamos a ela, que atendemos às solicitações das circunstâncias com ações apropriadas. Se a consciência não é uma função do cérebro, pelo menos o cérebro mantém a consciência fixada no mundo em que vivemos; é o órgão da atenção à vida. Por isso uma modificação cerebral leve, uma intoxicação passageira por álcool ou ópio por exemplo – e mais ainda uma dessas intoxicações prolongadas que sem dúvida quase sempre explicam a alienação – pode provocar uma perturbação completa da vida mental. Não é que o espírito seja atingido diretamente. Não se deve julgar, como se faz com frequência, que o veneno tenha ido buscar no córtex cerebral um determinado mecanismo que seria o aspecto material de certo raciocínio, que ele tenha desarranjado esse mecanismo e seja por isso que o doente delira. Mas o efeito da lesão é desajustar a engrenagem e fazer que o pensamento deixe de inserir-se com exatidão nas coisas. Um louco com delírio de perseguição poderá continuar raciocinando logicamente; mas raciocina ao lado da realidade, fora da realidade, como raciocinamos em sonho. Direcionar nosso pensamento para a ação, levá-lo a preparar o ato que as circunstâncias exigem: é para isso que nosso cérebro é feito.

Mas desse modo ele canaliza – e desse modo também limita – a vida do espírito. Impede-nos de olhar para a direita e para a esquerda e mesmo, na maior parte do tempo, para trás; quer que olhemos diretamente para nossa frente, na direção em que temos de caminhar. Acaso isso já não é visível na operação da memória? Muitos fatos parecem indicar que o passado se conserva até em seus menores detalhes e que não há esquecimento real. Os senhores já ouviram falar dos afogados e dos enforcados que, quando trazidos de volta à vida, contam como tiveram, durante um instante, a visão panorâmica de todo seu passado. Eu poderia citar-lhes outros exemplos, pois o fenômeno não é, como se pretendeu, sintoma de asfixia. Ocorrerá igualmente com um alpinista que escorrega para o fundo de um precipício, com um soldado em quem o inimigo vai atirar e que se sente perdido. Isso porque nosso passado inteiro está ali, continuamente, e teríamos apenas de nos voltar para vê-lo; contudo, não podemos nem devemos voltar-nos. Não o devemos porque nosso destino é viver, agir, e a vida e a ação olham para a frente. Não o podemos porque nesse caso o mecanismo cerebral tem precisamente a função de encobrir-nos o passado, de deixar transparecer dele, a cada instante, apenas o que pode aclarar a situação presente e facilitar nossa ação: é mesmo obscurecendo todas nossas lembranças exceto uma – exceto aquela que nos interessa e que nosso corpo já esboça por mímica – que ele *evoca* aquela lembrança útil. Agora, que a atenção à vida venha a enfraquecer-se por um instante – não estou falando da atenção voluntária, que é momentânea e individual, mas de uma atenção constante, comum a todos, imposta pela natureza e que poderíamos chamar de "atenção da espécie" – e então o espírito, cujo olhar era forçado a manter-se direcionado para a frente, relaxa-se e com isso volta-se para trás; reencontra ali toda sua história. Portanto, a visão panorâmica do passado se deve a um brusco *desinteresse pela vida*, nascido da convicção súbita de que se vai morrer naquele instante. E era em fixar na vida a atenção, em restringir utilmente o campo da consciência, que até então o cérebro estava ocupado como órgão de memória.

Mas o que digo sobre a memória seria igualmente válido para a percepção. Não posso aqui entrar nos pormenores de uma demonstração que tentei em outra época: limito-me a lembrar que tudo se torna obscuro, e mesmo incompreensível, se os centros cerebrais forem considerados como órgãos capazes de transformar estimulações materiais em estados conscientes; e, ao contrário, tudo se aclara se esses centros (e os dispositivos sensoriais a que estão ligados) forem simplesmente vistos como instrumentos de seleção encarregados de escolher, no imenso campo de nossas percepções virtuais, aquelas que deverão atualizar-se. Leibniz dizia que cada mônada – e portanto, *a fortiori*, cada uma dessas mônadas que ele chama de espíritos – porta em si a representação consciente ou inconsciente da totalidade do real. Eu não iria tão longe; mas considero que percebemos virtualmente muito mais coisas do que percebemos atualmente, e que também aqui o papel de nosso corpo é afastar da consciência tudo o que não teria para nós nenhum interesse prático, tudo o que não serve para nossa ação. Os órgãos dos sentidos, os nervos sensitivos, os centros cerebrais canalizam as influências de fora e marcam assim as direções em que nossa própria influência poderá exercer-se. Mas com isso limitam nossa visão do presente, assim como os mecanismos cerebrais da memória restringem nossa visão do passado. Ora, se certas lembranças inúteis, ou lembranças "de sonho", conseguem insinuar-se no interior da consciência, aproveitando um momento de desatenção para a vida, não poderia haver, em torno de nossa percepção normal, uma franja de percepções quase sempre inconscientes, mas todas prontas para entrar na consciência e introduzindo-se efetivamente nela em certos casos excepcionais ou em certos sujeitos predispostos? Se houver percepções desse gênero, não são da alçada apenas da psicologia convencional: sobre elas a "pesquisa psíquica" deveria exercer-se.

Não devemos esquecer, aliás, que o espaço é que cria as divisões nítidas. Nossos corpos são exteriores uns aos outros no espaço; e nossas consciências, na medida em que ligadas a esses corpos, são separadas por intervalos. Mas, se aderem ao corpo somente por uma parte de si mesmas, é permitido conjeturar, para o restante, uma invasão recíproca. Entre as diversas consciências, a todo instante poderiam realizar-se trocas, comparáveis aos fenômenos de endosmose. Se essa intercomunicação existir, a natureza terá tomado suas precauções para torná-la inofensiva, e é verossímil que certos mecanismos estejam especialmente encarregados de repelir para o inconsciente as imagens assim introduzidas, pois seriam muito incômodas na vida cotidiana. Entretanto, uma ou outra poderia, também aqui, passar de contrabando, sobretudo quando os mecanismos inibidores funcionam mal; e também sobre elas se exerceria a "pesquisa psíquica". Assim se produziriam as alucinações verídicas, assim surgiriam os "fantasmas de vivos".

Quanto mais nos acostumarmos com essa ideia de uma consciência que transborda do organismo, mais acharemos natural que a alma sobreviva ao corpo. Sem dúvida, se o mental fosse rigorosamente decalcado do cerebral, se numa consciência humana não houvesse mais nada além do que está inscrito em seu cérebro, poderíamos admitir que a consciência acompanha o destino do corpo e morre com ele. Mas, se os fatos, estudados independentemente de qualquer sistema, levam-nos, ao contrário, a considerar a vida mental como muito mais ampla que a vida cerebral, a sobrevivência torna-se tão provável que o ônus da prova caberá a quem a nega, muito mais do que a quem a afirma; pois, como eu dizia em outro lugar, "a única razão para acreditar na extinção da consciência após a morte é que vemos o corpo desorganizar-se, e essa razão deixa de ser válida se a independência da quase totalidade da consciência com relação ao corpo for, também ela, um fato constatável".

São essas, rapidamente resumidas, as conclusões a que me leva um exame imparcial dos fatos conhecidos. É desnecessário acrescentar que considero muito amplo, e mesmo indefinido, o campo aberto para a pesquisa psíquica. Essa nova ciência não tardará a recuperar o tempo perdido. A matemática remonta à Antiguidade grega; a física já tem trezentos ou quatrocentos anos de existência; a química surgiu no século XVIII; a biologia é quase tão velha; mas a psicologia data de ontem e a "pesquisa psíquica" é ainda mais recente. Devemos lamentar esse atraso? Algumas vezes me perguntei o que teria acontecido se a ciência moderna, em vez de partir da matemática para orientar-se na direção da mecânica, da astronomia, da física e da química, em vez de fazer todos seus esforços convergirem para o estudo da matéria, tivesse começado pela investigação do espírito – se Kepler, Galileu, Newton, por exemplo, tivessem sido psicólogos.

Certamente teríamos tido uma psicologia da qual hoje não podemos sequer fazer ideia – assim como, antes de Galileu, não se podia imaginar o que seria nossa física: essa psicologia provavelmente teria sido para nossa psicologia atual o que nossa física é para a de Aristóteles. Alheia a toda e qualquer ideia mecanística, a ciência então teria acolhido pressurosamente, em vez de afastá-los *a priori*, fenômenos como os que os senhores estudam: talvez a "pesquisa psíquica" tivesse figurado entre suas principais ocupações. Depois de descobrir as leis mais gerais da atividade espiritual (como na realidade foram descobertos os princípios fundamentais da mecânica), teria passado do espírito puro para a vida: a biologia teria se constituído, mas uma biologia vitalista muito diferente da nossa, que teria ido buscar, atrás das formas sensíveis dos seres vivos, a força interior, invisível, de que elas são as manifestações. Sobre essa força estamos sem ação, justamente porque nossa ciência do espírito ainda está na infância; e é por isso que os cientistas não estão errados quando acusam o vitalismo de ser uma doutrina estéril: é estéril hoje, não o será sempre; e não o teria sido se originalmente a ciência moderna tivesse tomado as coisas pelo outro lado. Ao mesmo tempo que essa biologia vitalista, teria surgido uma medicina que sanaria *diretamente* as insuficiências da força vital, que visaria a causa e não os efeitos, o centro em vez da periferia; a terapia por sugestão, ou mais genericamente por influência do espírito sobre o espírito, poderia ter tomado formas e proporções que não imaginamos. Assim se teria fundado, assim se teria desenvolvido a ciência da atividade espiritual. Mas, quando, seguindo de cima para baixo as manifestações do espírito, atravessando a vida e a matéria viva, tivesse chegado, de grau em grau, à matéria inerte a ciência teria se detido bruscamente, surpresa e desorientada. Teria tentado aplicar a esse novo objeto seus métodos habituais e não teria sobre ele nenhum domínio, assim como hoje os processos de cálculo e de medida não têm domínio sobre as coisas do espírito. A matéria, e não mais o espírito, seria o reino do mistério. Suponho então que num país desconhecido – na América, por exemplo, mas uma América ainda não descoberta pela Europa e decidida a não travar relações conosco – tivesse se desenvolvido uma ciência idêntica à nossa ciência atual, com todas suas aplicações mecânicas. Poderia acontecer de vez em quando que pescadores, aventurando-se ao largo das costas da Irlanda ou da Bretanha, avistassem ao longe, no horizonte, um navio americano navegando a toda velocidade contra o vento – o que chamamos de navio a vapor. Iriam contar o que teriam visto. Os outros acreditariam neles? Provavelmente não. Iriam mostrar-lhes tanto mais desconfiança quanto mais conhecedores fossem, mais imbuídos estivessem de uma ciência que, puramente psicológica, teria se direcionado em sentido inverso ao da física e da mecânica. E então seria preciso constituir-se uma sociedade como a dos senhores – mas, desta vez, uma Sociedade de Pesquisa *Física* – que convocaria as testemunhas, investigaria e criticaria seus relatos, estabeleceria a autenticidade daquelas "*aparições*" de navios a vapor. Entretanto, dispondo no momento apenas daquele método histórico ou crítico, não conseguiria vencer o ceticismo dos que a intimariam – visto que acreditava na existência daqueles navios miraculosos – a construir um e fazê-lo navegar.

É isso que às vezes me divirto em sonhar. Mas, quando tenho esse sonho, logo o interrompo e digo comigo: Não! Não era possível nem desejável que o espírito humano caminhasse assim. Não era possível porque no alvorecer dos tempos modernos a ciência matemática já existia, e era absolutamente necessário começar tirando dela tudo o que pudesse dar para o conhecimento do mundo em que vivemos: não se troca a presa pelo que talvez seja apenas uma sombra. Mas, supondo que isso fosse possível, não era desejável para a própria ciência psicológica que o espírito humano se aplicasse primeiro nela. Pois, sem dúvida, se tivesse despendido desse lado a soma de trabalho, talento e gênio que foi dedicada às ciências da matéria, o conhecimento do espírito poderia ter sido levado muito longe; mas sempre lhe teria faltado alguma coisa que é inestimável e sem a qual o restante perde muito de seu valor: a precisão, o rigor, o cuidado de provar, o hábito de distinguir entre o que é simplesmente possível ou provável e o que é certeza. Não pensem que essas sejam qualidades naturais da inteligência. Durante muito tempo a humanidade passou sem elas; e talvez nunca tivessem aparecido no mundo se outrora, num recanto da Grécia, não tivesse existido um pequeno povo para o qual o *aproximadamente* não bastava e que inventou a precisão[2]. A demonstração matemática – essa criação do gênio grego – foi aqui o efeito ou a causa? Não sei; mas incontestavelmente foi pela matemática que a necessidade da prova se propagou de inteligência em inteligência, ocupando no espírito humano cada vez mais espaço à medida que a ciência matemática, por intermédio da mecânica, abarcava um número maior de fenômenos da matéria. O hábito de levar para

---

2. Sobre essa invenção da *precisão* pelos gregos já nos alongamos em diversas aulas que demos no Collège de France, principalmente em nossos cursos de 1902 e 1903.

o estudo da realidade concreta as mesmas exigências de precisão e rigor que são características do pensamento matemático é uma disposição que devemos às ciências da matéria e que sem elas não chegaríamos a ter. É por isso que uma ciência que se tivesse dedicado imediatamente às coisas do espírito teria permanecido incerta e vaga, por mais longe que houvesse avançado: talvez nunca tivesse distinguido entre o que é simplesmente plausível e o que deve ser aceito definitivamente. Mas hoje em que, graças a nosso aprofundamento na matéria, sabemos fazer essa distinção e possuímos as qualidades que ela implica, podemos aventurar-nos sem temor no âmbito quase inexplorado das realidades psicológicas. Avancemos com uma ousadia prudente, deponhamos a metafísica ruim que atrapalha nossos movimentos, e a ciência do espírito poderá dar resultados que superarão todas nossas expectativas.

IV. O SONHO
Conferência feita no Institut général psychologique em 26 de março de 1901

O tema que o Instituto Psicológico teve a bondade de convidar-me a abordar diante dos senhores é tão complexo, suscita tantos problemas, uns psicológicos, outros fisiológicos e mesmo metafísicos, demandaria explanações tão longas – e nosso tempo é tão curto –, que lhes peço permissão para suprimir todo preâmbulo, deixar de lado o acessório e colocar-me de imediato no âmago da questão.

Portanto, eis aqui um sonho. Vejo desfilar diante de mim todo tipo de objetos; nenhum deles existe efetivamente. Julgo que vou e venho, que passo por uma série de aventuras, enquanto estou deitado em meu leito, muito tranquilamente. Escuto-me falando e ouço que me respondem; entretanto estou sozinho e não digo nada. De onde vem a ilusão? Por que vemos, como se realmente estivessem presentes, pessoas e coisas?

Mas, primeiramente, não há mesmo nada? Acaso uma certa *matéria sensível* não é apresentada à visão, à audição, ao tato etc., no sono como na vigília?

Fechemos os olhos e vejamos o que vai acontecer. Muitas pessoas dirão que não acontece nada; é que não olham com atenção. Na verdade, percebemos muitas coisas. Primeiro, um fundo negro. Depois, manchas de diversas cores, às vezes baças, às vezes também de um brilho singular. Essas manchas se dilatam e se contraem, mudam de forma e de tom, sobrepõem-se umas às outras. A mudança pode ser lenta e gradual. Às vezes também se efetua com extrema rapidez. De onde vem essa fantasmagoria? Os fisiologistas e os psicólogos falaram de "poeira luminosa", de "espectros oculares", de "fosfenos"; aliás, atribuem essas aparências às pequenas modificações que ocorrem continuamente na circulação retiniana, ou ainda à pressão que a pálpebra fechada exerce sobre o globo ocular, excitando mecanicamente o nervo óptico. Mas não importa a explicação do fenômeno, nem o nome que lhe dão. Ele acontece com todo mundo e, sem a menor dúvida, fornece o tecido com o qual moldamos muitos de nossos sonhos.

Já Alfred Maury e, por volta da mesma época, o marquês de Hervey de Saint-Denis haviam observado que essas manchas coloridas e de formas moventes podem consolidar-se no momento em que adormecemos, desenhando assim os contornos dos objetos que vão compor o sonho. Mas a observação era um tanto suspeita, pois emanava de psicólogos meio adormecidos. Depois disso um filósofo americano, G. T. Ladd, professor na Universidade de Yale, imaginou um método mais rigoroso, mas de difícil aplicação, porque exige uma espécie de treinamento. Consiste em manter os olhos fechados quando despertamos e reter durante alguns instantes o sonho que vai desaparecer – desaparecer do campo da visão e dentro em pouco certamente também do campo da memória. Então vemos os objetos do sonho dissolverem-se em fosfenos e confundirem-se com as manchas coloridas que o olho percebia realmente quando as pálpebras estavam fechadas. Por exemplo, estávamos lendo um jornal: esse era o sonho. Despertamos, e do jornal cujas linhas se desvanecem resta uma mancha branca com vagas riscas pretas: essa é a realidade. Ou então ainda, o sonho levava-nos a passear em pleno mar; a perder de vista, o oceano estendia suas ondas cinzentas, coroadas de espuma branca. No despertar, tudo vem perder-se numa grande mancha de um cinza pálido cravejado de pontos brilhantes. A mancha estava ali, os pontos brilhantes também. Portanto, havia de fato, à disposição de nossa percepção enquanto dormíamos, uma *poeira visual*, e essa poeira serviu para a construção do sonho.

Somente ela serve? Para continuarmos falando apenas do sentido da visão, digamos que ao lado das sensações visuais cuja origem é interna há outras que têm uma causa externa. Por mais que as pálpebras estejam fechadas, o olho ainda diferencia a luz da sombra e mesmo reconhece, até um certo ponto, a natureza da luz. Ora, as sensações provocadas por uma luz real são a causa de muitos de nossos sonhos. Uma vela que alguém acender bruscamente fará surgir para a pessoa adormecida, se seu sono não for profundo demais, um conjunto de visões em que a ideia de incêndio predominará. Tissié cita dois exemplos disso: "B... sonha que o teatro de Alexandria está em *chamas*; o fogo ilumina um bairro inteiro. De repente ele se vê transportado para o meio da fonte da praça dos Cônsules; uma rampa de *fogo* corre ao longo das correntes que ligam as grossas colunas colocadas em torno da fonte. Depois se encontra de novo em Paris, na Exposição, que está em *chamas*..., assiste a cenas angustiantes etc. Desperta em sobressalto. Seus olhos estavam recebendo o feixe de luz projetado pela lanterna furta-fogo que a freira que fazia a ronda direcionava para seu leito ao passar. – M... sonha que se alistou na infantaria da marinha, onde serviu antigamente. Vai para Fort-de-France, Toulon, Lorient, Crimeia, Constantinopla. Vê *clarões*, ouve estrondos... por fim assiste a um combate no qual vê o *fogo* sair da boca dos canhões. Acorda em sobressalto. Assim como B..., fora despertado pelo feixe de luz projetado pela lanterna furta-fogo da freira que fazia a ronda." São assim os sonhos que uma luz viva e inesperada pode provocar.

Bastante diferentes são os sugeridos por uma luz contínua e suave, como a da Lua. Krauss conta que uma noite, acordando, viu que ainda estendia os braços para o que em seu sonho fora uma jovem e agora não era mais do que a Lua, cujos raios lhe chegavam em cheio. Esse caso não é o único; parece que o luar, acariciando os olhos daquele que dorme, tem o poder de fazer surgirem essas aparições virginais. Acaso não seria o que expressa a fábula de Endimião – o pastor adormecido para sempre, a quem a deusa Selene (ou seja, a Lua) ama profundamente?

O ouvido também tem suas sensações internas – zumbido, tilintar, assobio – que quase não distinguimos durante a vigília e que o sono destaca nitidamente. Aliás, quando estamos dormindo continuamos a ouvir certos ruídos externos. O estalar de um móvel, o fogo que crepita, a chuva que açoita a janela, o vento que toca sua escala cromática na chaminé são sons que continuam a atingir o ouvido e que o sonho converte em conversa, gritos, concerto etc. Raspam uma tesoura contra tenazes ao ouvido de Alfred Maury enquanto dorme: prontamente ele sonha que está ouvindo tocar a rebate e assistindo aos acontecimentos de junho de 1848. Eu poderia citar outros exemplos. Mas os sons têm um papel muito menor que as formas e as cores na maioria dos sonhos. As sensações visuais predominam; e mesmo, frequentemente não fazemos mais do que ver, sendo que julgamos ouvir também. Como observa Max Simon, acontece-nos manter em sonho toda uma conversação e subitamente percebermos que ninguém está falando, que ninguém falou. Entre nosso interlocutor e nós havia uma troca direta de pensamentos, uma conversa silenciosa. Fenômeno estranho, porém fácil de explicar. Para que em sonho ouçamos sons, geralmente é preciso que haja ruídos reais para percebermos. Com nada o sonho nada faz; e, quando não lhe fornecemos material sonoro, ele tem dificuldade em fabricar sonoridade.

O tato, aliás, intervém tanto quanto a audição. Um contato, uma pressão continuam a chegar à consciência enquanto dormimos. Impregnando com sua influência as imagens que nesse momento ocupam o campo visual, a sensação tátil poderá modificar-lhes a forma e o significado. Suponhamos que subitamente o contato do corpo com a roupa de dormir se faça sentir; o dormente se lembrará de que está exiguamente vestido. Se justamente então ele acreditava estar andando na rua, é nesses trajes precários que se apresentará aos olhos dos passantes. Estes, aliás, não ficarão chocados, pois raramente as excentricidades a que nos entregamos em sonho parecem abalar os espectadores, por mais confusos que nós mesmos possamos ficar. Acabo de citar um sonho bem conhecido. Aqui está outro, que certamente muitos dos senhores já tiveram. Consiste em nos sentirmos voando, planando, atravessando o espaço sem tocar o solo. Em geral, depois de produzir-se uma vez ele tende a reproduzir-se, e a cada nova experiência dizemos conosco:

"Muitas vezes sonhei que me movia acima do chão, mas desta vez estou totalmente desperto. Agora sei, e vou mostrar aos outros, que podemos libertar-nos das leis da gravidade." Se acordarmos bruscamente, creio que descobriremos o seguinte. Sentíamos que nossos pés haviam perdido seus pontos de apoio, porque de fato estávamos deitados de comprido. Por outro lado, julgando que não dormíamos, não tínhamos consciência de estar deitados. Portanto, pensávamos que não tocaríamos mais o chão, ainda que ficássemos em pé. É essa convicção que o sonho desenvolvia. Observem, nos casos em que nos sentimos voando, que acreditamos lançar nosso corpo para o lado à esquerda ou à direita, erguendo-o com um brusco movimento do braço que seria como um bater de asa. Ora, esse lado é justamente o lado sobre o qual estamos deitados. Despertando, descobriremos que a sensação de esforço para voar é idêntica à sensação de pressão do braço e do corpo contra o leito. Separada de sua causa, era apenas uma vaga sensação de fadiga, atribuível a um esforço; ligada então com a convicção de que o corpo havia deixado o solo, ela se definiu como sensação precisa de esforço para voar.

É interessante ver como as sensações de pressão, subindo até o campo visual e aproveitando-se da poeira luminosa que o ocupa, podem transpor-se para ele em formas e cores. Max Simon sonhou um dia que estava diante de duas pilhas de moedas de ouro; essas pilhas eram desiguais e ele tentava igualá-las. Mas não conseguia. Isso lhe provocava um forte sentimento de angústia. Esse sentimento, aumentando de instante em instante, acabou despertando-o. Percebeu então que estava com uma perna presa nas dobras da coberta: seus pés não estavam no mesmo nível e tentavam inutilmente aproximar-se um do outro. Disso evidentemente nascera uma vaga sensação de *desigualdade* que, irrompendo no campo visual e talvez encontrando ali (é a hipótese que proponho) uma ou várias manchas amarelas, expressara-se visualmente pela desigualdade de duas pilhas de moedas de ouro. Portanto, imanente às sensações táteis durante o sono, há uma tendência a nos visualizarmos e sob essa forma nos inserirmos no sonho.

Mais importantes ainda são as sensações de "tato interior" que emanam de todos os pontos do organismo e mais particularmente das vísceras. O sono pode dar-lhes, ou melhor, devolver-lhes uma fineza e uma acuidade singulares. Sem dúvida elas estavam presentes durante a vigília, mas então éramos distraídos pela ação, vivíamos exteriormente a nós mesmos: o sono fez-nos voltar para dentro de nós. Acontece a pessoas sujeitas a laringites, amidalites etc., verem-se atingidas novamente por sua afecção no meio de um sonho e sentirem então agulhadas desagradáveis na região da garganta. Simples ilusão, dizem elas ao despertarem. Infelizmente, a ilusão bem depressa se torna realidade. Citam-se doenças e acidentes graves, ataques de epilepsia, afecções cardíacas etc., que foram previstos assim, profetizados em sonho. Portanto, não é de admirar que filósofos como Schopenhauer afirmem que o sonho traduz para a consciência estimulações provenientes do sistema nervoso simpático; que psicólogos como Scherner atribuam a cada órgão o poder de provocar sonhos específicos que o representariam simbolicamente; e, por fim, que médicos como Artigues tenham escrito tratados sobre "o valor semiológico" do sonho, sobre a maneira de utilizá-lo para o diagnóstico das doenças. Mais recentemente, Tissié mostrou como os distúrbios da digestão, da respiração, da circulação se expressam por espécies determinadas de sonhos.

Vamos resumir o que foi dito. No sono natural, nossos sentidos não estão de modo algum fechados para as impressões externas. Sem dúvida não têm mais a mesma precisão; mas em contrapartida recuperam muitas impressões "subjetivas" que passavam despercebidas durante a vigília, quando nos movíamos num mundo exterior comum a todos os homens, e que reaparecem no sono, porque então estamos vivendo apenas para nós. Não se pode sequer dizer que nossa percepção se restrinja quando dormimos; ao contrário, ela amplia, pelo menos em certas direções, seu campo de operação. É bem verdade que perde em tensão o que ganha em extensão. Praticamente tudo o que traz é difuso e confuso. Ainda assim, é com sensação real que fabricamos sonho.

Como o fabricamos? As sensações que nos servem de matéria são vagas e indeterminadas. Vamos tomar as que figuram no primeiro plano, as manchas coloridas que evoluem diante de nós quando estamos com os olhos fechados. Aqui estão linhas pretas sobre um fundo branco. Poderão representar um tapete, um tabuleiro de xadrez, uma página escrita, uma infinidade de outras coisas mais. Quem vai escolher? Qual é a forma que imprimirá sua decisão na indecisão da matéria? – Essa forma é a lembrança.

Devemos observar primeiro que geralmente o sonho não cria nada. É certo que são citados alguns exemplos de trabalho artístico, literário ou científico executado no decorrer de um sonho. Lembrarei apenas o mais conhecido de todos. Um músico do século XVIII, Tartini, estava labutando numa composição, mas a musa se mostrava rebelde. Ele adormeceu; e eis que o diabo em pessoa apareceu, apoderou-se do violino e tocou a sonata desejada. Essa sonata Tartini escreveu de memória, quando acordou; transmitiu-a para nós com o nome de *Sonata do diabo*. Mas não podemos extrair coisa alguma de um relato tão sumário. Precisaríamos saber se Tartini não estava concluindo a sonata enquanto procurava rememorá-la. Às vezes a imaginação do dormente que acorda faz acréscimos no sonho, modifica-o retroativamente, preenche as lacunas, que podem ser consideráveis. Procurei observações mais profundas e principalmente de autenticidade mais garantida; a única que encontrei foi a do romancista inglês Stevenson. Num curioso ensaio intitulado *A Chapter on Dreams* [Um capítulo sobre sonhos], Stevenson relata que seus contos mais originais foram compostos ou pelo menos esboçados em sonho. Mas leiam com atenção o capítulo: verão que, durante uma certa parte de sua vida, o autor passou por um estado psicológico em que lhe era difícil saber se estava acordado ou dormindo. De fato, acredito que, quando o espírito cria, quando faz o esforço que a composição de uma obra ou a solução de um problema exige, não há sono – pelo menos a parte do espírito que trabalha não é a mesma que sonha; ela prossegue, no subconsciente, uma busca que não tem influência sobre o sonho e que só se manifesta no despertar. Quanto ao sonho em si, praticamente não é mais que uma ressurreição do passado. Mas é um passado que podemos não reconhecer. Frequentemente se trata de um detalhe esquecido, de uma lembrança que parecia abolida e na verdade se dissimulava nas profundezas da memória. Também com frequência a imagem evocada é a de um objeto ou de um fato percebido distraidamente, quase inconscientemente, durante a vigília. Sobretudo, há fragmentos de lembranças quebradas que a memória recolhe aqui e ali e apresenta à consciência do dormente sob uma forma incoerente. Diante dessa montagem desprovida de sentido, a inteligência (que continua a raciocinar, não importa o que tenham dito) procura um significado: atribui a incoerência a lacunas que preenche evocando outras lembranças, as quais, frequentemente se apresentando também em desordem, geram por sua vez uma explicação nova, e assim por diante, indefinidamente. Mas por enquanto não insistirei nesse ponto. Basta-me dizer, para responder à pergunta feita há pouco, que o poder informador dos materiais transmitidos pelos órgãos dos sentidos, o poder que converte em objetos precisos e determinados as vagas impressões provenientes do olho, do ouvido, de toda a superfície e de todo o interior do corpo é a lembrança.

A lembrança! No estado de vigília, temos muitas lembranças que aparecem e desaparecem, exigindo sucessivamente nossa atenção. Mas são lembranças que se relacionam estreitamente com nossa situação e nossa ação. Neste momento me lembro do livro do marquês de Hervey sobre os sonhos. Isso porque estou tratando da questão do sonho e porque estou no Instituto Psicológico; meu ambiente e minha ocupação, o que vejo e o que sou chamado a fazer orientam numa direção específica a atividade de minha memória. As lembranças que evocamos durante a vigília, por mais alheias que muitas vezes pareçam às nossas preocupações do momento, sempre estão ligadas a elas sob algum aspecto. Qual é o papel da memória no animal? É lembrar-lhe, em cada circunstância, as consequências vantajosas ou prejudiciais que podem ter acompanhado antecedentes análogos, e assim informá-lo sobre o que deve fazer. No homem, a memória é menos prisioneira da ação, admito, mas ainda adere a ela: nossas lembranças, em dado momento, formam um todo solidário, digamos uma pirâmide, cujo topo incessantemente móvel coincide com nosso presente e embrenha-se com ele no futuro. Mas, por trás das lembranças que vêm assim pousar sobre nossa ocupação atual e revelar-se por meio dela, há outras, milhares e milhares de outras, embaixo, abaixo da cena iluminada pela consciência. Sim, acredito que nossa vida passada está ali, conservada até em seus menores detalhes, e que não esquecemos de nada, e que tudo o que já percebemos, pensamos, quisemos desde o primeiro despertar de nossa consciência persiste indefinidamente. Mas as lembranças que minha memória conserva assim em suas mais escuras profundezas se encontram em estado de fantasmas invisíveis. Talvez anseiem pela luz; entretanto não tentam subir até ela; sabem que isso é impossível e que eu, ser vivo e atuante, tenho outra coisa a fazer em vez de ocupar-me delas. Mas suponham que num dado momento *eu me desinteresse* da situação atual, da ação urgente, enfim do que concentrava num único ponto todas as atividades da memória. Suponham, em outras palavras, que eu adormeça. Então essas lembranças imóveis, sentindo que acabo de afastar o obstáculo, de soerguer o alçapão que as mantinha no subsolo da consciência, começam a movimentar-se. Erguem-se, agitam-se, executam na noite do inconsciente uma imensa dança macabra. E, todas juntas, correm para a porta que acaba de entreabrir-se. Todas gostariam muito de passar. Não podem, são demasiadas. Dessa multidão que é chamada, quais serão as escolhidas? É fácil adivinhar. Ainda há pouco, quando eu estava desperto, as lembranças admitidas eram as que podiam invocar relações de parentesco com a situação presente, com minhas percepções atuais. Agora, são formas mais vagas que se delineiam a meus olhos, são sons mais indecisos que impressionam meu ouvido, é um toque mais indistinto que se espalha na superfície de meu corpo; mas são também sensações mais numerosas que me vêm do interior de meus órgãos. Pois bem, entre as lembranças-fantasmas que aspiram a um lastro de cor, de sonoridade, de materialidade enfim, as únicas bem-sucedidas serão as que puderem assimilar a poeira colorida que vejo, os ruídos externos e internos que ouço etc., e que, além disso, se harmonizarem com o estado afetivo geral que minhas impressões orgânicas compõem. Quando se operar essa junção entre a lembrança e a sensação, terei um sonho.

Numa página poética das *Enéadas*, o filósofo Plotino, intérprete e continuador de Platão, explica-nos como os homens nascem para a vida. A natureza, diz ele, esboça corpos vivos, mas somente os esboça. Apenas com suas próprias forças ela não iria até o fim. Por outro lado, as almas habitam o mundo das Ideias. Incapazes de agir e aliás nem pensando nisso, elas planam acima do tempo, fora do espaço. Mas dentre os corpos há os que, por sua forma, atendem melhor às aspirações destas ou daquelas almas. E dentre as almas há as que se identificam mais com estes ou aqueles corpos. O corpo, que não sai totalmente viável das mãos da natureza, soergue-se para a alma, que lhe daria a vida completa. E a alma, olhando o corpo em que acredita perceber o reflexo de si mesma, fascinada como se mirasse um espelho, deixa-se atrair, inclina-se e cai. Sua queda é o começo da vida. Eu compararia com essas almas soltas as lembranças que aguardam no fundo do inconsciente. Assim também nossas sensações noturnas se parecem com esses corpos apenas esboçados. A sensação é cálida, colorida, vibrante e quase viva, mas indecisa. A lembrança é nítida e precisa, mas sem interior e sem vida. A sensação gostaria de encontrar uma forma na qual fixar a indecisão de seus contornos. A lembrança gostaria de obter uma matéria para estofar-se, adquirir lastro, atualizar-se enfim. Elas se atraem mutuamente, e a lembrança-fantasma, materializando-se na sensação que lhe dá sangue e carne, torna-se um ser que viverá com uma vida própria, um sonho.

Portanto, o nascimento do sonho nada tem de misterioso. Nossos sonhos elaboram-se mais ou menos como nossa visão do mundo real. O mecanismo da operação é o mesmo em suas linhas gerais. De fato, o que vemos de um objeto colocado ante nossos olhos, o que ouvimos de uma frase pronunciada ao nosso ouvido é pouca coisa, em comparação com o que nossa memória lhe acrescenta. Quando os senhores passam os olhos pelo jornal, quando folheiam um livro, julgam que estão vendo efetivamente cada letra de cada palavra, ou mesmo cada palavra de cada frase? Se assim fosse, não leriam muitas páginas por dia. A verdade é que percebemos da palavra, e mesmo da frase, apenas algumas letras ou alguns traços característicos, apenas o suficiente para adivinhar o restante: todo o restante imaginamos ver, mas na realidade proporcionamo-nos sua alucinação. Experiências numerosas e concordantes não deixam nenhuma dúvida sobre isso. Citarei apenas as de Goldscheider e Mueller. Esses pesquisadores escrevem ou imprimem fórmulas de uso corrente: "Entrada terminantemente proibida", "Prefácio da quarta edição" etc.; mas tratam de cometer erros, mudando e principalmente omitindo letras. A pessoa que deve servir de sujeito de experiência é colocada diante dessas frases, na escuridão, e naturalmente ignora o que foi escrito. Então iluminam a inscrição durante um tempo muito curto, curto demais para que o observador possa ver todas as letras. Antes disso já haviam determinado experimentalmente o tempo necessário para se ver uma letra do alfabeto; portanto, é fácil fazer com que o sujeito não possa distinguir mais que oito ou dez letras, por exemplo, das trinta ou quarenta que compõem a frase. Ora, quase sempre ele lê a frase sem dificuldade. Mas esse não é para nós o ponto mais instrutivo de tal experiência.

Se perguntarem ao observador quais são as letras que ele tem certeza de ter visto, as letras que ele designa podem estar efetivamente presentes; mas haverá também letras ausentes, que terão sido substituídas por outras ou simplesmente omitidas. Assim, porque o sentido parecia exigir isso, ele terá visto destacarem-se em plena luz letras inexistentes. Portanto, os caracteres que realmente viu serviram para evocar uma lembrança. A memória inconsciente, recuperando a fórmula à qual eles davam um começo de realização, projetou essa lembrança para fora sob uma forma alucinatória. Foi essa lembrança que o observador *viu*, tanto quanto e mais do que a inscrição propriamente dita. Em resumo, a leitura corrente é um trabalho de adivinhação, mas não de adivinhação abstrata: é uma exteriorização de lembranças, de percepções simplesmente rememoradas e portanto irreais, que se aproveitam da realização parcial que encontram aqui e ali para realizarem-se integralmente.

Assim, no estado de vigília, o conhecimento que adquirimos de um objeto envolve uma operação análoga à que se efetua em sonho. Percebemos da coisa apenas seu esboço; este lança um apelo à lembrança da coisa completa; e a lembrança completa, da qual nosso espírito não tinha consciência, que em todo caso permanecia em nosso interior como um simples *pensamento*, aproveita a oportunidade e salta para fora. É a essa espécie de alucinação, inserida num contexto real, que nos entregamos quando *vemos* a coisa. Aliás, haveria muito a dizer sobre a atitude e a conduta da lembrança no decorrer da operação. Não se deve julgar que as lembranças alojadas no fundo da memória lá permaneçam inertes e indiferentes. Elas estão na expectativa, estão quase atentas. Quando, com o espírito menos ou mais preocupado, abrimos o jornal, não nos acontece depararmos de imediato com uma palavra que corresponde justamente à nossa preocupação? Mas a frase não tem sentido, e não demoramos a perceber que a palavra lida por nós não era a palavra impressa; simplesmente havia entre ambas alguns traços em comum, uma vaga semelhança de configuração. A ideia que nos absorvia deve ter dado o alarme, no inconsciente, a todas as imagens da mesma família, a todas as lembranças de palavras correspondentes e, por assim dizer, tê-las feito esperar um retorno à consciência. Voltou efetivamente a tornar-se consciente a lembrança que a percepção atual de uma certa forma de palavra começava a atualizar.

É esse o mecanismo da percepção propriamente dita, e é esse o do sonho. Nos dois casos há, de um lado, impressões reais feitas nos órgãos dos sentidos e, do outro, lembranças que vêm inserir-se na impressão e aproveitar-se de sua vitalidade para voltarem à vida.

Mas, então, onde está a diferença entre perceber e sonhar? O que é dormir? Obviamente, não estou perguntando quais são as condições fisiológicas do sono.

Essa é uma questão a ser debatida entre fisiologistas; ainda está longe de ser resolvida. Pergunto como devemos representar o estado de alma do homem que dorme. Pois o espírito continua a funcionar durante o sono; ele se exerce – como acabamos de ver – sobre sensações, sobre lembranças; e, tanto dormindo como acordado, combina a sensação com a lembrança que esta evoca. O mecanismo da operação parece ser o mesmo nos dois casos. Entretanto, temos de um lado a percepção normal e do outro o sonho; portanto, o mecanismo não trabalha do mesmo modo aqui e lá. Onde está a diferença? E qual é a característica psicológica do sono?

Não devemos confiar demais nas teorias. Disseram que dormir consistia em isolar-se do mundo exterior. Mas já mostramos que o sono não fecha nossos sentidos para as impressões externas, que recebe delas os materiais para a maioria dos sonhos. Também viram no sono um descanso concedido às funções superiores do pensamento, uma suspensão do raciocínio. Não creio que isso seja mais exato. No sonho, frequentemente nos tornamos *indiferentes* à lógica, porém não *incapazes* de lógica. Direi quase, com risco de beirar o paradoxo, que, ao contrário, o erro de quem sonha é raciocinar demais. Ele evitaria o absurdo se assistisse como simples espectador ao desfile de suas visões. Mas, quando quer a todo custo atribuir-lhes uma explicação, sua lógica, direcionada para interligar imagens incoerentes, pode apenas parodiar a da razão e tocar o absurdo. Reconheço, aliás, que as funções superiores da inteligência se relaxam durante o sono e, mesmo que não seja incentivada a isso pelo jogo incoerente das imagens, a faculdade de raciocinar às vezes se diverte em simular o raciocínio normal. Mas o mesmo se poderia dizer de todas as outras faculdades. Portanto, não é pela abolição do raciocínio e tampouco pela oclusão dos sentidos que caracterizaremos o estado de sonho. Vamos deixar de lado as teorias e tomar contato com o fato.

É preciso instituir uma experiência pessoal decisiva. Ao sair do sonho – visto que dificilmente alguém pode analisar-se durante o sonho propriamente dito –, a pessoa espionará a passagem do sono para a vigília, cercando-a tão de perto quanto possível: atenta para o que é essencialmente desatenção, surpreenderá, do ponto de vista da vigília, o estado de alma, ainda presente, do homem quando dorme. É difícil, mas não é impossível para quem exercitar-se pacientemente. Permitam aqui ao conferencista contar-lhes um de seus sonhos e o que ele julgou constatar ao despertar.

O sonhador acredita que está na tribuna, arengando uma assembleia. Um murmúrio confuso ergue-se no fundo do auditório. Vai acentuando-se; torna-se rugido, berro, alarido assustador. Por fim ressoam de todos os lados, escandidos num ritmo regular, os gritos: "Fora! Fora!" Despertar brusco nesse momento. Um cão latia no jardim vizinho, e com cada "au, au" do cão um grito "Fora!" se confundia. É esse o instante a ser capturado. O eu da vigília, que acaba de aparecer, vai voltar-se para o eu do sonho, que ainda está ali, e dizer-lhe: "Apanhei-te em flagrante delito. Mostras-me uma assembleia gritando, e o que há é simplesmente um cão latindo. Não tentes fugir; agarrei-te; vais revelar-me teu segredo, vais deixar-me ver o que fazias." Ao que o eu dos sonhos responderá: "Olha: *Eu nada fazia*, e é justamente nisso que tu e eu nos diferenciamos um do outro. Supões que, para ouvir um cachorro latindo e compreender que é um cachorro latindo, não tens de fazer nada? Grande erro!

Sem que percebas, fazes um esforço considerável. Precisas tomar tua memória inteira, toda tua experiência acumulada, e levá-la, por um estreitamento súbito, a não apresentar ao som ouvido mais do que um único de seus pontos, a lembrança que mais se assemelha a essa sensação e que melhor pode interpretá-la: a sensação é então recoberta pela lembrança. É preciso, aliás, que obtenhas a aderência perfeita, que não haja a mínima distância entre elas (senão, estarias precisamente no sonho); e só podes conseguir esse ajuste por meio de uma atenção, ou melhor, de uma tensão simultânea da sensação e da memória; assim faz o alfaiate quando vem experimentar em ti uma roupa simplesmente 'montada'; ele alfineta, amolda o quanto pode o tecido a teu corpo, que se presta a isso. Portanto, tua vida, no estado de vigília, é uma vida de trabalho, mesmo quando julgas que nada fazes, pois a todo momento tens de escolher e a todo momento tens de excluir. Escolhes dentre tuas sensações, visto que expulsas de tua consciência mil sensações 'subjetivas' que reaparecem assim que adormeces. Com precisão e delicadeza extremas, escolhes dentre tuas lembranças, visto que afastas qualquer uma que não se amolde a teu estado presente. Essa escolha que efetuas sem cessar, essa adaptação continuamente renovada, é a condição essencial do que chamam de bom senso. Mas adaptação e escolha te mantêm num estado de *tensão* ininterrupta. Não te dás conta disso no momento, assim como não sentes a pressão da atmosfera. Mas com o passar do tempo te cansas. Ter bom senso é muito fatigante.

"Ora, é o que te disse há pouco: sou diferente de ti precisamente porque não faço nada. O esforço que fazes sem trégua, eu pura e simplesmente me abstenho de fazer. Tu te apegas à vida; eu estou desapegado dela. Tudo me é indiferente. Desinteresso-me de tudo. Dormir é desinteressar-se[1]. A pessoa dorme na exata medida em que se desinteressa. A mãe que dorme ao lado do filho poderá não ouvir a trovoada, ao passo que um suspiro da criança a despertará. Estava ela realmente adormecida para com seu filho? Não dormimos para o que continua a interessar-nos.

"Perguntas-me o que faço quando sonho? Vou dizer-te o que fazes quando estás desperto. Tu me pegas – a mim, o eu dos sonhos, a mim, a totalidade de teu passado – e levas-me, de contração em contração, a confinar-me no círculo minúsculo que traças em torno de tua ação presente. Isso é estar desperto, é viver vida psicológica normal, é lutar, é querer. Quanto ao sonho, precisas que o explique? É o estado em que entras naturalmente quando te entregas, quando descuidas de te concentrares num único ponto, quando paras de querer. Se insistes, se exiges que te deem uma explicação, pergunta como tua vontade procede, a todo momento da vigília, para obter instantaneamente e quase inconscientemente a concentração de tudo o que portas em ti no ponto que te interessa. Mas faze essa pergunta para a psicologia da vigília. Ela tem como principal função responder-te, pois *estar desperto* e *querer* são uma única e mesma coisa."

É isso que o eu dos sonhos diria. E contaria muitas outras coisas se o deixássemos falar. Mas está na hora de

---

[1]. A ideia que apresentamos aqui ganhou terreno desde que a propusemos nesta conferência. A concepção do sono-desinteressamento introduziu-se na psicologia; para designar o estado geral da consciência de quem dorme, adotou-se o termo "desinteresse". Claparède inseriu nessa concepção uma teoria muito interessante que vê no sono um meio de defesa do organismo, um verdadeiro instinto.

concluir. Qual é a diferença essencial entre o sonho e a vigília? Vamos resumir-nos dizendo que as mesmas faculdades se exercem tanto na vigília como no sonho, porém tensionadas num caso e relaxadas no outro. O sonho é a vida mental integral menos o esforço de concentração. Continuamos a perceber, continuamos a lembrar, continuamos a raciocinar: percepções, lembranças e raciocínios podem ser abundantes naquele que sonha, pois abundância, no âmbito do espírito, não significa esforço. O que exige esforço é *a precisão do ajuste*. Para que o latido de um cão desencave de nossa memória, de passagem, a lembrança de um alarido de assembleia, não temos de fazer nada. Mas para que ele vá encontrar em nossa memória, de preferência a todas as outras lembranças, a lembrança de um latido de cão, e para que ela possa então ser interpretada, isto é, efetivamente percebida como um latido, é preciso um esforço positivo. O homem sonhando já não tem força para fazê-lo. Nisso, e apenas nisso, ele se distingue do homem desperto.

É essa a diferença. Ela se expressa sob muitas formas. Não vou entrar em detalhes; limito-me a chamar sua atenção para dois ou três pontos: a instabilidade do sonho, a rapidez com que pode desenvolver-se, sua preferência pelas lembranças insignificantes.

A instabilidade é fácil de explicar. Como a essência do sonho é não ajustar exatamente a sensação à lembrança e sim deixar uma folga, sobre a mesma sensação de sonho lembranças muito diversas assentarão igualmente bem. Consideremos, por exemplo, no campo da visão, uma mancha verde semeada de pontos brancos. Ela poderá materializar a lembrança de uma relva com flores, a de uma mesa de bilhar com suas bolas – e muitas outras mais. Todas gostariam de reviver na sensação, todas correm em sua perseguição. Às vezes alcançam-na uma após a outra: a relva *torna-se* mesa de bilhar e assistimos a transformações extraordinárias. Às vezes alcançam-na juntas: então a relva *é* mesa de bilhar – absurdo que o sonhador talvez procure eliminar por meio de um raciocínio que só o agravará.

A rapidez de desenvolvimento de certos sonhos parece-me ser outro efeito da mesma causa. Em alguns segundos, o sonho pode apresentar-nos uma série de acontecimentos que na vigília ocupariam dias inteiros. Os senhores conhecem a observação de Alfred Maury[2]: ela se tornou clássica e, não importa o que se tenha dito a seu respeito nestes últimos tempos, considero-a verossímil, pois encontrei relatos análogos na literatura do sonho. Mas essa precipitação das imagens nada tem de misterioso. Notem que as imagens de sonho são sobretudo visuais; as conversas que o sonhador julga que ouviu são quase sempre reconstituídas, completadas, amplificadas no despertar; talvez mesmo, em certos casos, apenas o *pensamento* da conversação, seu significado global, acompanhasse as imagens. Ora, a mais imensa mul-

---

2. "Eu estava deitado em meu quarto, com minha mãe à cabeceira. Sonho com o Terror; assisto a cenas de massacre, compareço perante o tribunal revolucionário, vejo Robespierre, Marat, Fouquier-Tinville etc.; discuto com eles; sou julgado, condenado à morte, levado de carroça para a praça da Revolução; subo ao cadafalso; o carrasco amarra-me à prancha fatal, balança-a, o cutelo cai; sinto minha cabeça separar-se do tronco, desperto tomado da mais viva angústia e sinto sobre o pescoço o varão de meu leito que se desprendera subitamente e caíra sobre minhas vértebras cervicais, como o cutelo de uma guilhotina. Isso acontecera naquele momento, como minha mãe me confirmou, e entretanto fora essa sensação externa que eu havia tomado... como ponto de partida de um sonho em que tantos fatos se sucederam." (Maury, *Le sommeil et les rêves*, 4.ª ed., p. 161.)

tidão de imagens visuais pode ser apresentada de uma só vez, em panorama; ela caberá ainda melhor em alguns instantes sucessivos. Portanto, não é de admirar que o sonho junte em alguns segundos o que se alongaria por vários dias de vigília: ele vê sinteticamente; procede, definitivamente, como faz a memória. No estado de vigília, a lembrança visual que nos serve para interpretarmos a sensação visual é obrigada a colocar-se exatamente sobre ela; portanto, acompanha seu desenvolvimento, ocupa o mesmo tempo; em resumo, a percepção reconhecida dos acontecimentos externos dura exatamente tanto quanto eles. Mas, no sonho, a lembrança interpretativa da sensação visual reconquista sua liberdade; a fluidez da sensação visual faz a lembrança não aderir a ela; portanto, o ritmo da memória interpretativa não tem mais de adotar aqui o da realidade; e então as imagens podem precipitar-se, se lhes aprouver, com uma velocidade vertiginosa, como fariam as de um filme se não regulássemos seu andamento. Precipitação, assim como abundância, não é sinal de força no âmbito do espírito: o que exige um esforço é a regulagem, é sempre a precisão do ajuste. Basta que a memória interpretativa se tensione, que preste atenção à vida, que por fim saia do sonho: os acontecimentos externos marcarão o ritmo de sua marcha e desacelerarão seu andamento – como, num relógio, o balancim divide em intervalos de tempo e distribui por um período de vários dias o escape da mola, que seria quase instantâneo se fosse livre.

Restaria pesquisar por que o sonho prefere determinada lembrança a outras igualmente capazes de colocarem-se sobre as sensações atuais. As fantasias do sonho não são muito mais explicáveis que as da vigília; pelo menos podemos destacar sua tendência mais acentuada.

No sono normal, nossos sonhos trazem de volta sobretudo os pensamentos que passaram como relâmpagos ou os objetos que havíamos percebido sem fixar neles nossa atenção. Se, à noite, sonharmos com os acontecimentos do dia, são os incidentes insignificantes, e não os fatos importantes, que terão mais possibilidades de reaparecer. Compartilho inteiramente as ideias de Delage, W. Robert e Freud sobre esse ponto[3]. Estou na rua, esperando o bonde; ele não poderia atingir-me, pois estou na calçada; se, no momento em que passar rente a mim, a ideia de um perigo possível cruzar meu espírito – digo mais, se meu corpo recuar instintivamente sem que eu tenha sequer consciência de sentir medo –, na próxima noite poderei sonhar que o bonde me atropela. Velo durante o dia um doente em estado desesperador. Se um clarão de esperança acender-se em mim por um instante – clarão fugitivo, quase despercebido –, meu sonho da noite poderá mostrar-me o doente curado; em todos os casos sonharei com cura mais provavelmente do que sonharei com morte ou doença. Em resumo, o que retorna preferencialmente é o que era menos notado. Não há nada espantoso nisso. O eu que sonha é um eu distraído, que se relaxa. As lembranças que melhor se harmonizam com ele são as lembranças de distração, que não portam a marca do esforço.

São essas as observações que eu gostaria de apresentar-lhes a respeito dos sonhos. São bastante incompletas. Todavia referem-se apenas aos sonhos que conhe-

---

3. Seria preciso falar aqui daquelas tendências reprimidas a que a escola de Freud dedicou tantos estudos. Na época em que foi feita a presente conferência, a obra de Freud sobre os sonhos havia sido publicada, mas a "psico-análise" estava muito longe de seu desenvolvimento atual.

cemos hoje, aqueles de que a pessoa se recorda e que pertencem mais ao sono leve. Quando dormimos profundamente, talvez tenhamos sonhos de outra natureza, mas deles não resta grande coisa quando despertamos. Inclino-me a crer – mas principalmente por razões teóricas e portanto hipotéticas – que temos então uma visão muito mais extensa e mais detalhada de nosso passado. Para esse sono profundo a psicologia deverá direcionar seu esforço, não apenas para nele estudar a estrutura e o funcionamento da memória inconsciente, mas também para perscrutar os fenômenos mais misteriosos que são do âmbito da "pesquisa psíquica". Não vou aventurar-me nesse campo; entretanto não posso deixar de atribuir alguma importância às observações coletadas com um zelo tão incansável pela Society for Psychical Research. Explorar o inconsciente, trabalhar no subsolo do espírito com métodos especialmente apropriados, será a principal tarefa da psicologia neste século que se inicia. Não tenho dúvida de que belas descobertas a aguardam, talvez tão importantes quanto foram, nos séculos anteriores, as das ciências físicas e naturais. Pelo menos são esses os votos que a ela formulo; é a expectativa que lhe apresento ao encerrar.

V. A LEMBRANÇA DO PRESENTE
E O FALSO RECONHECIMENTO[1]

A ilusão sobre a qual vamos apresentar alguns pontos de vista teóricos é bem conhecida. Bruscamente, enquanto a pessoa assiste a um espetáculo ou participa de uma conversa, surge-lhe a convicção de que já viu o que está vendo, já ouviu o que está ouvindo, já pronunciou as frases que está pronunciando – de que estava ali, no mesmo lugar, nas mesmas condições, sentindo, percebendo, pensando e querendo as mesmas coisas –, enfim, que está revivendo até nos mínimos detalhes alguns instantes de sua vida passada. Às vezes a ilusão é tão completa que, enquanto perdura, a todo momento a pessoa se julga a ponto de predizer o que vai acontecer: como já não o saberia, visto que sente que vai tê-lo sabido? Não é raro perceber então o mundo exterior sob um aspecto singular, como num sonho; torna-se alheia a si mesma, prestes a desdobrar-se e assistir como simples espectador ao que estão dizendo e fazendo. Esta última ilusão,

---

1. Este estudo foi publicado na *Revue philosophique* de dezembro de 1908.

levada até o fim e transformada em "despersonalização"[2], não está indissoluvelmente ligada ao falso reconhecimento; entretanto tem relação com ele. Todos esses sintomas, aliás, são menos ou mais acentuados. A ilusão, em vez de desenhar-se em sua forma completa, frequentemente se apresenta em estado de esboço. Mas, esboço ou desenho acabado, tem sempre sua fisionomia original.

Dispõe-se de muitas observações de falso reconhecimento: elas se parecem de modo notável; muitas vezes são formuladas em termos idênticos. Temos em mãos a auto-observação gentilmente redigida para nós por um literato, hábil em estudar a si mesmo, que nunca ouvira falar da ilusão de falso reconhecimento e julgava ser o único a experimentá-la. Sua descrição compõe-se de uma dezena de frases: todas aparecem, mais ou menos iguais, em observações já publicadas. Inicialmente havíamos nos alegrado por assinalar-lhe pelo menos uma expressão nova: o autor diz-nos que o que domina o fenômeno é uma sensação de "inevitabilidade", como se nenhum poder no mundo pudesse deter as palavras e os atos que virão. Mas eis que, relendo as observações coletadas por Bernard-Leroy, encontramos numa delas a mesma palavra: "Eu assistia às minhas ações; elas eram inevitáveis."[3] Na verdade, pode-se indagar se existe uma ilusão tão nitidamente estereotipada.

Não incluímos no falso reconhecimento certas ilusões que têm alguma característica em comum com ela mas diferem por seu aspecto geral. Arnaud descreveu em 1896 um caso notável que vinha estudando já havia três anos: durante esses três anos o sujeito havia experimen-

---

2. O termo foi criado por Dugas ("Un cas de dépersonnalisation", *Revue philos.*, vol. XLV, 1898, pp. 500-7).

3. *L'illusion de fausse reconnaissance*, Paris, 1898, p. 176.

tado ou *julgado experimentar* de modo contínuo a ilusão de falso reconhecimento, imaginando que vivia novamente toda sua vida[4]. Aliás, esse caso não é único; acreditamos que se deve compará-lo com um caso já antigo de Pick[5], com uma observação de Kraepelin[6] e também com a de Forel[7]. A leitura dessas observações sugere de imediato algo bastante diverso do falso reconhecimento. Já não se trata de uma impressão brusca e breve, que surpreende pela estranheza. Ao contrário, o sujeito acha que o que experimenta é normal; às vezes tem necessidade dessa impressão, procura-a quando lhe falta e julga-a mais contínua do que é na realidade. Contudo, examinando bem, descobrem-se diferenças muito mais profundas. No falso reconhecimento, a lembrança ilusória nunca é localizada num ponto do passado: habita um passado indeterminado, o passado em geral. Aqui, ao contrário, os sujeitos frequentemente relacionam com datas precisas suas supostas experiências anteriores; são tomados por uma verdadeira alucinação da memória. Note-se, além disso, que todos são alienados mentais: o de Pick, os de Forel e de Arnaud têm ideias delirantes de perseguição; o de Kraepelin é um maníaco, com alucinações visuais e auditivas. Talvez se deva aproximar o distúrbio mental deles do que Coriat descreveu com o nome de *reduplicative paramnesia*[8] e que o próprio Pick,

---

4. Arnaud, "Un cas d'illusion de 'déjà vu'", *Annales médico-psychologiques*, 8.ª série, vol. III, 1896, pp. 455-70.

5. *Arch. f. Psychiatrie*, vol. VI, 1876, pp. 568-74.

6. *Arch. f. Psychiatrie*, vol. XVIII, 1887, p. 428.

7. Forel, *Das Gedächinis und seine Abnormitäten*, Zurique, 1885, pp. 44-5.

8. *Journal of Nervous and Mental Diseases*, 1904, vol. XXXI, pp. 577-87 e 639-59.

num trabalho mais recente, chamou de "uma nova forma de paramnésia"[9]. Nesta afecção o sujeito acredita que já viveu várias vezes sua vida atual. O paciente de Arnaud tinha precisamente essa ilusão.

Mais complexa é a questão suscitada pelos estudos de Pierre Janet sobre a psicastenia. Ao contrário da maioria dos autores, Janet faz do falso reconhecimento um estado claramente patológico, relativamente raro, em todos os casos vago e indistinto, em que seria precipitado ver uma ilusão específica da memória[10]. Na realidade, tratar-se-ia de um distúrbio mais geral. Estando enfraquecida a "função do real", o sujeito não conseguiria apreender completamente o atual: não sabe dizer ao certo se é o presente, o passado ou mesmo o futuro; decide-se pelo passado quando as próprias perguntas que lhe são feitas lhe sugerem essa ideia. – Ninguém contestará que a psicastenia, tão profundamente estudada por Pierre Janet, seja o terreno no qual pode crescer uma infinidade de anomalias; o falso reconhecimento é uma delas. E tampouco contestaremos o cunho psicastênico do falso reconhecimento em geral. Mas nada prova que esse fenômeno, quando completo, preciso, nitidamente analisável como percepção e lembrança, sobretudo quando se produz em pessoas que não apresentam nenhuma outra anomalia, tenha a mesma estrutura interna daquele que se delineia de modo vago, no estado de simples tendência ou de virtualidade, em espíritos que reúnem todo um conjunto de sintomas psicastênicos. Suponhamos que o falso reconhecimento propriamente dito – dis-

---

9. *Jahrb. f. Psychiatrie u. Neurologie*, vol. XV, 1901, pp. 1-35.
10. P. Janet, *Les obsessions et la psychasthénie*, 1903, vol. I, pp. 287 ss. Sobre o *déjà vu*, cf. *Journal de Psychologie*, vol. II, 1905, pp. 139-66.

túrbio sempre passageiro e sem gravidade – seja um meio imaginado pela natureza para localizar num certo ponto, limitar a alguns instantes e reduzir assim à sua forma mais benigna uma certa insuficiência que, estendida e diluída no conjunto da vida psicológica, *teria sido* psicastenia: é previsível que essa concentração num ponto único dê ao estado de alma resultante uma precisão, uma complexidade e principalmente uma individualidade que ele não tem nos psicastênicos em geral, capazes de converter em falso reconhecimento vago, como em muitos outros fenômenos anormais, a insuficiência radical de que sofrem. Portanto, a ilusão constituiria aqui uma entidade psicológica distinta, o que não acontece nos psicastênicos. Aliás, nada do que nos dizem sobre essa ilusão nos psicastênicos deve ser rejeitado. Mas ainda seria preciso indagar por que e como o sentimento do "*déjà vu*" se cria mais especialmente nos casos – muito numerosos, acreditamos – em que há afirmação bastante clara de uma percepção presente e de uma percepção passada que teria sido idêntica. Não devemos esquecer que muitos dos que estudaram o falso reconhecimento – Jensen, Kraepelin, Bonatelli, Sander, Anjel etc. – eram pessoalmente sujeitos desses estudos. Não se limitaram a coletar observações: anotaram, como psicólogos profissionais, o que sentiam. Ora, todos esses autores coincidem em descrever o fenômeno como um nítido reinício do passado, como um fenômeno *duplo* que seria de um lado percepção e do outro lembrança – e não como um fenômeno com uma única face, como um estado onde a realidade aparecesse simplesmente no ar, destacada do tempo, percepção *ou* lembrança, a escolher. Assim, sem sacrificar nada do que Janet nos ensinou sobre as psicastenias, teremos de procurar uma explicação especial para o fenômeno propriamente dito do falso reconhecimento[11].

Onde encontrar essa explicação?

Inicialmente se poderia sustentar que o falso reconhecimento nasce da identificação da percepção atual com uma percepção anterior que realmente se parecia com ela no conteúdo ou pelo menos na nuance afetiva. Essa percepção anterior pertencia à vigília, segundo alguns autores (Sander[12], Höffding[13], Le Lorrain[14], Bourdon[15], Bélugou[16]); ao sonho, segundo outros (James Sully[17], Lapie[18] etc.); à vigília ou ao sonho mas sempre ao *inconsciente*, segundo Grasset[19]. Em todos os casos, quer se trate da lembrança de algo visto ou da lembrança de algo imaginado, haveria evocação confusa ou incompleta de uma lembrança real[20].

---

11. Deve-se observar que a maioria dos autores considera o falso reconhecimento como uma ilusão muito comum. Wigan pensava que todo mundo estava sujeito a ele. Kraepelin diz que se trata de um fenômeno normal. Jensen afirma que não há quase ninguém que, atentando para si mesmo, não conheça a ilusão.

12. *Arch. f. Psychiatrie*, vol. IV, 1874, pp. 244-53.

13. Höffding, *Psychologie*, pp. 166-7.

14. Le Lorrain, À propos de la paramnésie, *Rev. philosophique*, vol. XXXVII, 1894, pp. 208-10.

15. Bourdon, "Sur la reconnaissance des phénomènes nouveaux", *Rev. philos.*, vol. XXXVI, 1893, pp. 629-31. Aliás, essa é apenas uma parte da tese de Bourdon.

16. Bélugou, "Sur un cas de paramnésie", *Rev. philos.*, vol. LXIV, 1907, pp. 282-4. Aliás Bélugou distingue dois tipos de paramnésia.

17. J. Sully, *Les illusions des sens et de l'esprit*, p. 198.

18. Lapie, Note sur la paramnésie, *Rev. philos.*, vol. XXXVII, 1894, pp. 351-2.

19. Grasset, "La sensation du 'déjà vu'", *Journal de Psychologie*, janeiro de 1904, pp. 17-27.

20. A ideia de uma semelhança de coloração afetiva pertence mais particularmente a Boirac, *Rev. philos.*, 1876, vol. I, p. 431.

Essa explicação pode ser aceita dentro dos limites em que a circunscrevem vários dos autores que a propõem[21]. Aplica-se realmente a um fenômeno que em certos aspectos se parece com o falso reconhecimento. Já aconteceu a todos nós, diante de um espetáculo novo, perguntarmo-nos se já não assistimos a ele. Refletindo, descobrimos que tivemos anteriormente uma percepção análoga, que apresentava algumas características em comum com a experiência atual. Mas o fenômeno em pauta aqui é muito diferente. Aqui as duas experiências aparecem como rigorosamente idênticas, e sentimos que nenhuma reflexão reduziria essa identidade a uma vaga semelhança, porque não estamos simplesmente diante do "*déjà vu*": é muito mais que isso, é um "*déjà vécu*"* que estamos vivenciando. Acreditamos que estamos lidando com o reinício integral de um ou vários minutos de nosso passado, com a totalidade de seu conteúdo representativo, afetivo, ativo. Kraepelin, que insistiu nessa primeira diferença, aponta ainda uma outra[22]. A ilusão de falso reconhecimento invade o sujeito instantaneamente e também instantaneamente o abandona, deixando atrás de si uma impressão de sonho. Não há nada semelhante na confusão menos ou mais lenta em estabelecer-se, menos ou mais fácil de dissipar-se, entre uma experiência atual e uma experiência anterior que se parece com

---

21. Ribot e William James, que pensaram numa explicação desse tipo, tiveram o cuidado de acrescentar que a propunham apenas para um certo número de casos (Ribot, *Les maladies de la mémoire*, 1881, p. 150; William James, *Principles of Psychology*, 1890, vol. I, p. 675, nota).

* Literalmente: "já vivido", expressão calcada no "*déjà vu*" ("já visto") que Bergson utilizou um pouco antes e é de uso corrente em português. (N. da T.)

22. *Arch. f. Psychiatrie*, vol. XVIII, 1887, pp. 409-36.

ela. Devemos acrescentar (e talvez esteja aí o essencial) que essa confusão é um erro como os outros erros, um fenômeno localizado no âmbito da inteligência pura. Ao contrário, o falso reconhecimento pode movimentar a personalidade inteira. Afeta a sensibilidade e a vontade tanto quanto a inteligência. Frequentemente quem o experimenta é tomado por uma emoção característica: torna-se menos ou mais alheio a si mesmo e como que "automatizado". Estamos aqui diante de uma ilusão que abrange elementos diversos e organiza-os num único efeito simples, verdadeira individualidade psicológica[23].

Onde se deve procurar seu centro? Será numa representação, numa emoção ou num estado da vontade?

A primeira tendência é a das teorias que explicam o falso reconhecimento por uma imagem, nascida no decorrer da percepção ou um pouco antes e prontamente lançada no passado. Para explicar essa imagem, supôs-se primeiramente que o cérebro fosse duplo, que produzisse duas percepções simultâneas, uma das quais, em certos casos, podia chegar depois da outra e, devido à sua intensidade mais fraca, parecer uma lembrança (Wigan[24], Jensen[25]). Fouillée[26] também falou de uma "falta de sinergia e de simultaneidade nos centros cerebrais", dando origem a uma "diplopia", "um fenômeno anormal de eco e de repetição interior". – Hoje a psicologia procura afas-

---

23. A hipótese de Grasset, segundo a qual a primeira experiência teria sido gravada pelo inconsciente, a rigor escaparia das duas últimas objeções, mas não da primeira.
24. A.-L. Wigan, *A New View of Insanity: the Duality of the Mind*, Londres, 1884, p. 85.
25. *Allg. Zeitschr. f. Psychiatrie*, vol. XXV, 1868, pp. 48-63.
26. Fouillée, "La mémoire et la reconnaissance des souvenirs", *Revue des Deux Mondes*, 1885, vol. LXX, p. 154.

tar-se desses esquemas anatômicos; aliás, a hipótese de uma dualidade cerebral está completamente abandonada. Então o que resta é a segunda imagem ser alguma coisa da própria percepção. Para Anjel, em toda percepção efetivamente é preciso distinguir dois aspectos: de um lado, a impressão bruta causada na consciência e, do outro, a apropriação dessa impressão pelo espírito. Habitualmente os dois processos se superpõem; mas, se o segundo chegar atrasado, sobrevém uma imagem dupla, que causa o falso reconhecimento[27]. Piéron emitiu uma ideia análoga[28]. Para Lalande[29], seguido por Arnaud[30], um espetáculo pode produzir em nós uma primeira impressão, instantânea e pouco consciente, seguida por uma distração de alguns segundos, depois da qual a percepção normal se estabelece. Se nesse último momento a impressão inicial retornar, parecerá para nós uma lembrança vaga, não localizável no tempo, e teremos o falso reconhecimento. Myers propõe uma explicação não menos engenhosa, baseada na distinção entre o eu consciente e o eu "subliminar". O primeiro recebe de uma cena a que assiste apenas uma impressão global, cujos detalhes sempre chegam um pouco depois que os do excitante externo. O segundo fotografa esses detalhes sucessivamente, instantaneamente; portanto, adianta-se à consciência e, caso se manifeste a ela bruscamente, traz-lhe uma lembrança daquilo que está ocupada em perce-

---

27. *Arch., f. Psychiatrie*, vol. VIII, 1878, pp. 57-64.
28. Piéron, "Sur l'interprétation des faits de paramnésie", *Rev. philos.*, vol. LIV, 1902, pp. 160-3.
29. Lalande, "Des paramnésies", *Rev. philos.*, vol. XXXVI, 1893, pp. 485-97.
30. Arnaud, "Un cas d'illusion du 'déjà vu'" ou de 'fausse mémoire'", *Annales médico-psychologiques*, 8.ª série, vol. III, 1896, p. 455.

ber[31]. Lemaître adotou uma posição intermediária entre as de Lallande e Myers[32]. Antes de Myers, Dugas havia formulado a hipótese de um desdobramento da pessoa[33]. Por fim, já há muito tempo Ribot havia dado à tese das duas imagens uma grande força, ao supor uma espécie de alucinação consecutiva à percepção e mais intensa que ela: a alucinação jogaria a percepção para o segundo plano, com o caráter atenuado das lembranças[34].

Não podemos empreender aqui o exame profundo que cada uma dessas teorias exigiria. Limitamo-nos a dizer que aceitamos seu princípio: acreditamos que o falso reconhecimento implica a existência real, na consciência, de duas imagens, uma das quais é a reprodução da outra. A grande dificuldade, em nossa opinião, está em explicar simultaneamente por que uma das duas imagens é lançada no passado e por que a ilusão é contínua. Os que nos derem a imagem lançada no passado como anterior à imagem localizada no presente, os que a considerarem uma primeira percepção menos intensa, ou menos atenta, ou menos consciente, procuram pelo menos explicar-nos por que ela assume a forma de uma lembrança; mas então será apenas a lembrança de um certo momento da percepção; a ilusão não se prolongará, não se renovará, através da percepção integral. Se, ao contrário, as duas imagens se formam juntas, compreende-se melhor a continuidade da ilusão, mas o recuo de uma

---

31. Myers, "The Subliminal Self", *Proc. of the Society for Psychical Research.*, vol. XI, 1895, p. 343.
32. Lemaître, "Des phénomènes de paramnésie", *Archives de psychologie*, vol. III, 1903, pp. 101-10.
33. Dugas, "Sur la fausse mémoire", *Rev. philos.*, vol. XXXVII, 1894, pp. 34-5.
34. Ribot, *Les maladies de la mémoire*, p. 152.

delas para o passado requer ainda mais imperiosamente uma explicação. Aliás, poder-se-ia indagar se alguma das hipóteses, mesmo do primeiro tipo, realmente explica o recuo, e se a fraqueza ou a subsconsciência de uma percepção é o bastante para dar-lhe o aspecto de uma lembrança. Seja como for, uma teoria do falso reconhecimento deve atender simultaneamente às duas exigências que acabamos de formular; e acreditamos que essas duas exigências se mostrarão inconciliáveis enquanto não se examinar mais a fundo, do ponto de vista puramente psicológico, a natureza da lembrança normal.

Será possível escapar da dificuldade negando a dualidade das imagens, invocando um "sentimento intelectual" do "*déjà vu*" que às vezes viria somar-se à nossa percepção do presente e fazer-nos acreditar num reinício do passado? Essa é a ideia exposta por E. Bernard-Leroy num livro muito conhecido[35]. Estamos prontos a conceder-lhe que o reconhecimento do presente quase sempre se faz sem nenhuma evocação do passado. Aliás, nós mesmos havíamos mostrado que a "familiaridade" dos objetos da experiência diária se deve ao automatismo das reações que eles provocam, e não à presença de uma lembrança-imagem que viesse duplicar a imagem-percepção[36]. Mas esse sentimento de "familiaridade" seguramente não é aquele que ocorre no falso reconhecimento, e o próprio Bernard-Leroy cuidou de distinguir

---

35. E. Bernard-Leroy, *L'illusion de fausse reconnaissance*, Paris, 1898. A leitura desse livro, que contém um grande número de observações inéditas, é indispensável para quem quiser formar uma ideia precisa do falso reconhecimento. – Em seu *Étude sur les illusions du temps des rêves*, tese de doutorado em medicina, Paris, 1900, Justine Tobolowska adota as conclusões de Bernard-Leroy.

36. *Matière et mémoire*, Paris, 1896, pp. 93 ss.

um do outro[37]. Resta então que o sentimento de que fala Bernard-Leroy seja aquele que se tem quando se pensa, ao cruzar com uma pessoa na rua, que já se deve tê-la encontrado. Mas, em primeiro lugar, sem dúvida esse sentimento está inseparavelmente ligado a uma lembrança real, a da pessoa ou de uma outra que se parece com ela: talvez seja apenas a consciência vaga e quase desvanecida dessa lembrança, juntamente com um esforço nascente e ineficaz para revivê-la. Em segundo lugar, é preciso notar que num caso desses se pensa: "Vi essa pessoa em algum lugar"; não se pensa: "Vi essa pessoa aqui, nas mesmas circunstâncias, num momento de minha vida que era indiscernível do momento atual." Supondo, portanto, que o falso reconhecimento tenha raiz num sentimento, esse sentimento é único em seu gênero e não pode ser o do reconhecimento normal vagando na consciência e enganando-se de destinação. Sendo especial, deve estar ligado a causas especiais, que é importante determinar.

Faltaria, por fim, procurar a origem do fenômeno na esfera mais da ação que do sentimento ou da representação. É essa a tendência das teorias mais recentes do falso reconhecimento. Muitos anos atrás já apontávamos a necessidade de distinguir diferentes alturas de *tensão* ou de *tom* na vida psicológica. Dizíamos que a consciência está tanto mais equilibrada quanto mais tensionada estiver na direção da ação, tanto mais vacilante quanto mais afrouxada numa espécie de sonho; que entre esses dois planos extremos, o plano da ação e o plano do sonho, há todos os planos intermediários correspondentes a tantos outros graus decrescentes de "atenção à vida" e

---

37. *Op. cit.*, p. 24.

de adaptação à realidade[38]. As ideias que expúnhamos sobre esse assunto foram recebidas com uma certa reserva; alguns julgaram-nas paradoxais. De fato, elas iam contra teorias geralmente aceitas, contra a concepção atomística da vida mental. Entretanto a psicologia se aproxima cada vez mais delas, principalmente desde que Pierre Janet chegou, por outros caminhos, a conclusões totalmente compatíveis com as nossas. Portanto, é numa atenuação do tom mental que se buscará a origem do falso reconhecimento. Para Pierre Janet, essa atenuação produziria diretamente o fenômeno ao diminuir o esforço de síntese que acompanha a percepção normal: esta assumiria então o aspecto de uma vaga lembrança ou de um sonho[39]. Mais precisamente, haveria aqui apenas um daqueles "sentimentos de incompletude" que Janet estudou de modo tão original: o sujeito, desnorteado pelo que existe de incompletamente real e portanto de incompletamente atual em sua percepção, não sabe bem se está lidando com o presente, com o passado ou mesmo com o futuro. Léon-Kindberg retomou e desenvolveu essa ideia de uma diminuição do esforço de síntese[40]. Por outro lado, Heymans procurou mostrar como uma "atenuação da energia psíquica" poderia modificar o aspecto de nosso entorno habitual e transmitir o aspecto de "*déjà vu*" aos acontecimentos que nele se desenrolam. "Suponhamos", diz ele, "que nosso ambiente habitual agora faça ressoarem só muito fracamente as associações

---

38. *Matière et mémoire*, 1896, especialmente pp. 184-95,

39. P. Janet, *Les obsessions et la psychasténie*, vol. I, Paris, 1903, pp. 287 ss. Cf. "A propos du déjà vu", *Journal de psychologie*, vol. II, 1905, pp. 289-307.

40. Léon-Kindberg, "Le sentiment du déjà vu et l'illusion de fausse reconnaissance", *Revue de psychiatrie*, 1903, pp. 139-66.

despertadas regularmente por ele. Acontecerá precisamente o que acontece quando, depois de muitos anos, vemos novamente lugares ou objetos, ouvimos novamente melodias que conhecemos outrora mas que havíamos esquecido já há muito tempo... Ora, se, nestes últimos casos, tivermos aprendido a interpretar a mais fraca pressão das associações como o sinal de experiências anteriores relacionadas com os mesmos objetos de agora, adivinha-se que também nos outros casos, nos casos em que, em consequência de uma diminuição da energia psíquica, o ambiente habitual mostra uma eficácia associativa muito diminuída, teremos essa impressão de que nele se repetem, identicamente, eventos pessoais e situações tiradas do fundo de um passado nebuloso."[41] Por fim, num trabalho profundo que contém, em forma de auto-observação, uma das mais penetrantes análises já apresentadas do falso reconhecimento[42], Dromard e Albès explicam o fenômeno por uma diminuição do "tônus da atenção", diminuição que introduziria uma ruptura entre o "psiquismo inferior" e o "psiquismo superior". O primeiro, funcionando sem o auxílio do segundo, perceberia automaticamente o objeto presente, enquanto o segundo se ocuparia inteiramente em considerar a imagem recolhida pelo primeiro, em vez de olhar o próprio objeto[43].

Dessas últimas teses diremos, como dissemos das primeiras, que aceitamos seu princípio: é realmente na

---

41. *Zeitschr. f. Psychologie*, vol. XXXVI, 1904, pp. 321-43.
42. Dromard e Albès, "Essai théorique sur l'illusion dite de fausse reconnaissance", *Journal de psychologie*, vol. II, 1904, pp. 216-28.
43. Foi também por uma "atenuação de tom vital" que se explicou a "despersonalização". Sobre esse assunto, ver Dugas, "Un cas de dépersonnalisation", *Rev. philos.*, vol. XLV, 1898, pp. 500-7.

atenuação do tom geral da vida psicológica que se deve buscar a causa inicial do falso reconhecimento. O ponto delicado é determinar a forma muito especial que a desatenção à vida assume aqui, e também explicar por que ela nos leva a tomar o presente por uma repetição do passado. Um simples relaxamento do esforço de síntese exigido pela percepção realmente dará à realidade o aspecto de um sonho; mas por que esse sonho aparece como a repetição integral de um minuto já vivido? Supondo que o "psiquismo superior" intervenha para superpor sua atenção a essa percepção desatenta, o que se terá é no máximo uma lembrança considerada atentamente: não será uma percepção e simultaneamente uma lembrança. Por outro lado, uma preguiça da memória associativa, como a que Heymans supõe, tornaria simplesmente dificultoso o reconhecimento do entorno; há uma grande distância entre esse reconhecimento dificultoso do que é familiar e a lembrança de uma experiência anterior determinada, idêntica em todos os pontos à experiência atual. Em resumo, parece que é preciso combinar este último sistema de explicação com o primeiro, admitir que o falso reconhecimento está ligado simultaneamente a uma diminuição da tensão psicológica e a um desdobramento da imagem, e pesquisar o que deve ser a diminuição para produzir o desdobramento, o que é o desdobramento se ele traduz uma simples diminuição. Mas não se pode pensar em aproximar artificialmente as duas teorias uma da outra. A aproximação acontecerá naturalmente, acreditamos, caso se aprofunde nas duas direções indicadas o entendimento do mecanismo da memória.

Mas gostaríamos de apresentar primeiramente uma observação geral a respeito dos fatos psicológicos mórbidos ou anormais. Dentre esses fatos há os que se devem evidentemente a um empobrecimento da vida normal. São as anestesias, as amnésias, as afasias, as paralisias, enfim todos os estados que se caracterizam pela abolição de certas sensações, de certas lembranças ou de certos movimentos. Para definir esses estados, indica-se pura e simplesmente o que desapareceu da consciência. Consistem numa ausência. Todo mundo verá neles um déficit psicológico.

Ao contrário, há estados mórbidos ou anormais que parecem somar-se à vida normal e enriquecê-la em vez de diminuí-la. Um delírio, uma alucinação, uma ideia fixa são fatos positivos. Consistem na presença, e não mais na ausência, de algo. Parecem introduzir no espírito certas maneiras novas de sentir e de pensar. Para defini-los é preciso considerá-los no que são e no que trazem consigo, em vez de ater-se ao que não são e ao que tiram. Se a maioria dos sintomas da alienação mental pertence a essa segunda categoria, pode-se dizer o mesmo de muitas anomalias e singularidades psicológicas. O falso reconhecimento é uma delas. Como veremos adiante, ele apresenta um aspecto *sui generis*, que não é o do reconhecimento verdadeiro.

Entretanto, o filósofo pode indagar se, no âmbito do espírito, a doença e a degenerescência são realmente capazes de criar alguma coisa, e se as características aparentemente positivas, que aqui dão ao fenômeno anormal um aspecto de novidade, não se reduziriam, quando se examina melhor sua natureza, a um vazio interior, a um déficit do fenômeno normal. Diz-se geralmente que a doença é uma *diminuição*. É verdade que esse é um modo vago de expressar-se e que, nos casos em que nada visível desapareceu da consciência, seria preciso indicar com precisão em que a consciência diminuiu. Esboçamos há muito tempo uma tentativa desse tipo, como lembrávamos há pouco. Dizíamos que ao lado da diminuição que incide no *número* dos estados de consciência, há uma outra que lhes afeta a solidez ou o *peso*. No primeiro caso, a doença pura e simplesmente elimina certos estados sem tocar nos outros. No segundo, nenhum estado psicológico desaparece, mas todos são atingidos, todos perdem lastro, isto é, poder de inserção e penetração na realidade[44]. É a "atenção à vida" que diminui, e os fenômenos novos que aparecem são apenas o aspecto externo desse desprendimento.

Reconhecemos aliás que, mesmo sob essa forma, a ideia ainda é excessivamente geral para atender aos pormenores das explicações psicológicas. Mas pelo menos indicará o caminho a seguir para encontrar a explicação.

De fato, se ela for aceita, não haverá por que procurar, para o fenômeno mórbido ou anormal que se apresenta com características especiais, uma causa ativa que o produza, pois esse fenômeno, apesar das aparências, nada tem de positivo, nada tem de novo. Ele já se elaborava em tempo normal; mas era impedido de aparecer no momento em que gostaria por um desses mecanismos antagonistas, constantemente atuantes, que asseguram a *atenção à vida*. É que a vida psicológica normal, tal como a consideramos, é um sistema de funções no qual cada uma tem seu dispositivo particular. Cada dispositivo, deixado por conta própria, daria uma infinidade de efeitos inúteis ou incômodos, capazes de atrapalhar o funcionamento dos outros e desarranjar também nosso equilí-

---

44. Ver *Matière et Mémoire*, Paris, 1896, cap. III, especialmente pp. 192-3.

brio móvel, nossa adaptação continuamente renovada à realidade. Mas um trabalho de eliminação, de correção, de ajuste prossegue sem cessar e resulta precisamente na saúde moral. Quando ele enfraquece, surgem sintomas que julgamos criados nessa circunstância, mas que na realidade sempre estiveram ali, ou pelo menos teriam estado se permitíssemos. Realmente é natural que o teórico se impressione com o cunho *sui generis* dos fenômenos mórbidos. Como esses fatos são complexos e entretanto apresentam uma certa ordem em sua complicação, a primeira atitude dele é relacioná-los com uma causa atuante, capaz de organizar-lhes os elementos. Mas, se, no âmbito do espírito, a doença não tem força para criar algo, ela só pode consistir no retardamento ou interrupção de certos mecanismos que no estado normal impediam outros de obterem pleno efeito. *De modo que a principal tarefa da psicologia não seria explicar aqui como estes ou aqueles fenômenos se produzem no doente, e sim por que não são constatados no homem saudável.*

Já consideramos por esse ângulo os fenômenos do sonho. Geralmente se veem nos sonhos fantasmas que se somam às percepções e concepções sólidas da vigília, fogos-fátuos que esvoaçam acima dela. Seriam fatos de uma ordem particular, cujo estudo a psicologia deveria esconder num capítulo à parte e então estaria quite com eles. E é natural que pensemos assim, porque a vigília é o estado que nos interessa praticamente, ao passo que o sonho é o que de mais alheio à ação, de mais inútil existe no mundo. Como do ponto de vista prático é um acessório, do ponto de vista teórico somos levados a encará-lo como um acidente. Deixemos de lado essa ideia preconcebida e o estado de sonho nos aparecerá, ao contrário, como o *substratum* de nosso estado normal. Ele não se acrescenta à vigília: a vigília é que se obtém pela limitação, concentração e tensão de uma vida psicológica difusa, que é a vida do sonho. Em certo sentido, a percepção e a memória que se exercem no sonho são mais naturais que as da vigília: nele a consciência entretém-se em perceber por perceber, lembrar por lembrar, sem nenhuma preocupação com a vida, ou seja, com a ação a ser realizada. Mas estar desperto consiste em eliminar, escolher, juntar incessantemente a totalidade da vida difusa do sonho no ponto em que um problema prático se coloca. Estar desperto significa querer. Pare de querer, desprenda-se da vida, desinteresse-se: é justamente assim que você passa do eu da vigília para o eu dos sonhos, menos *tenso* porém mais *extenso* que o outro. Portanto, o mecanismo da vigília é o mais complexo, o mais delicado, também o mais *positivo* dos dois; e é a vigília, bem mais que o sonho, que requer uma explicação.

Mas, se o sono imita em tudo a alienação mental, será possível aplicar a muitos fatos de alienação o que dissemos do sonho. Não gostaríamos de abordar o estudo desses fenômenos com ideias excessivamente sistemáticas. É duvidoso que se possa explicá-los todos do mesmo modo. E para muitos deles, ainda mal definidos, não chegou o momento de tentar uma explicação. Como declarávamos inicialmente, apresentamos nossa tese a título de simples indicação metodológica, sem outro objetivo além de direcionar num certo sentido a atenção do teórico. Entretanto, julgamos que há fatos patológicos ou anormais aos quais ela pode ser aplicada já agora. Na linha de frente figura o falso reconhecimento. Tal é o mecanismo da percepção e, a nosso ver, tal é o da memória que o falso reconhecimento resultaria naturalmente do jogo dessas duas faculdades, se um mecanismo especial não interviesse prontamente para anulá-lo. Assim, a questão importante não é por que ele surge em certos momentos, em certas pessoas, mas por que não se produz em todos a todo instante.

Vejamos então como se forma a lembrança. Mas entendamo-nos bem: a lembrança de que vamos falar será sempre um estado psicológico, ora consciente, ora semiconsciente, a maioria das vezes inconsciente. Sobre a lembrança que seria uma marca deixada no cérebro já nos explicamos em outro lugar. Dizíamos que as diversas memórias são bem localizáveis no cérebro no sentido de que o cérebro possui para cada categoria de lembranças um dispositivo especial, destinado a converter a lembrança pura em percepção ou imagem nascentes: que, quem for mais longe, quem pretender atribuir para cada lembrança seu lugar na matéria cerebral, estará se limitando a traduzir fatos psicológicos incontestes numa linguagem anatômica contestável e chegará a consequências desmentidas pela observação. Na verdade, quando falamos de nossas lembranças, pensamos em algo que nossa consciência possui ou pode sempre trazer de volta, por assim dizer, puxando para si o fio que segura: isso porque a lembrança vai e vem do consciente para o inconsciente, e a transição entre os dois estados é tão contínua, o limite é tão pouco nítido, que não temos nenhum direito de supor entre eles uma diferença radical de natureza. Essa é portanto a lembrança de que vamos ocupar-nos. Por outro lado, para abreviar, convenhamos em dar o nome de percepção a toda consciência de algo presente, tanto para a percepção interna como para a percepção externa. Afirmamos que *a formação da lembrança nunca é posterior à da percepção: é sua contempo-*

rânea. À medida que a percepção se cria, sua lembrança vai se perfilando a seu lado, como a sombra ao lado do corpo. Mas habitualmente a consciência não a percebe, assim como nosso olho não veria nossa sombra se a iluminasse toda vez que se volta para ela.

De fato, suponhamos que a lembrança não se crie durante a percepção. Pergunto: em que momento ela nascerá? Esperará, para surgir, que a percepção tenha se desvanecido? É o que geralmente se admite de modo implícito, seja fazendo da lembrança inconsciente um estado psicológico, seja vendo-a como uma modificação cerebral. Haveria primeiro o estado psicológico presente e depois, quando ele não existe mais, a lembrança desse estado ausente. Haveria primeiro a entrada em jogo de certas células, e isso seria a percepção, e depois um vestígio deixado nessas células quando a percepção desaparece, e isso seria a lembrança. Mas, para que fosse assim, seria preciso que o curso de nossa existência consciente se compusesse de estados bem distintos, cada um dos quais tivesse objetivamente um começo e também objetivamente um fim. Como não ver que essa divisão de nossa vida psicológica em estados, como de uma comédia em cenas, nada tem de absoluta, é totalmente relativa à interpretação diversa e mutável que damos a nosso passado? Dependendo do ponto de vista em que me coloco, dependendo do centro de interesse que escolho, parcelo de modos diversos meu dia de ontem, percebo nele grupos diferentes de situações ou de estados. Embora essas divisões não sejam todas igualmente artificiais, nenhuma existia em si, pois o desenrolar da vida psicológica é contínuo. A tarde que acabo de passar no campo com amigos decompôs-se em almoço + passeio + jantar ou em conversa + conversa + conversa etc.; e de nenhuma dessas conversas que se sobrepunham umas às outras pode-se dizer que forme uma entidade distinta. Vinte sistemas de desarticulação são possíveis; nenhum sistema corresponde a articulações nítidas da realidade. Com que direito supor que a memória escolha um deles, divida a vida psicológica em períodos distintos, espere o final de cada período para acertar suas contas com a percepção?

Alegar-se-á que a percepção de um objeto exterior começa quando ele aparece, termina quando ele desaparece, e que se pode muito bem designar, pelo menos nesse caso, um momento preciso em que a lembrança substitui a percepção? Seria esquecer que a percepção habitualmente se compõe de partes sucessivas, e que essas partes não têm nem mais nem menos individualidade que o todo. De cada uma tem-se o direito de dizer que seu objeto desaparece progressivamente; como a lembrança nasceria apenas quando tudo está terminado? e como a memória saberia, num momento qualquer da operação, que não está tudo terminado, que ainda resta alguma coisa?

Quanto mais se refletir sobre isso, menos se compreenderá que a lembrança algum dia possa nascer se não for sendo criada juntamente com a própria percepção. Ou o presente não deixa nenhuma marca na memória ou então ele se desdobra a todo instante, em seu próprio afloramento, em dois jatos simétricos, um dos quais volta a cair rumo ao passado e o outro se lança rumo ao futuro. Esse último, que chamamos de percepção, é o único que nos interessa. De nada nos serve a lembrança das coisas enquanto temos as próprias coisas. Já que a consciência prática afasta essa lembrança como inútil, a reflexão teórica considera-a inexistente. Assim nasce a ilusão de que a lembrança *sucede* a percepção.

Mas essa ilusão tem uma outra origem, mais profunda ainda.

Ela provém de a lembrança reavivada, consciente, dar-nos a impressão de ser a percepção propriamente dita ressuscitando de forma mais modesta, e nada além dessa percepção. Entre a percepção e a lembrança haveria uma diferença de intensidade ou de grau, mas não de natureza. Definindo-se a percepção como um estado forte e a lembrança como um estado fraco, e se então a lembrança de uma percepção só pode ser essa percepção atenuada, parece-nos que, para registrar uma percepção no inconsciente, a memória teve de esperar que a percepção entorpecesse como lembrança. E é por isso que julgamos que a lembrança de uma percepção não poderia criar-se com essa percepção nem desenvolver-se ao mesmo tempo que ela.

Mas a tese que faz da percepção presente um estado forte e da lembrança reavivada um estado fraco, que afirma que se passa dessa percepção para essa lembrança por meio de diminuição, tem contra si a mais elementar observação. Mostramos isso num trabalho anterior. Escolha uma sensação intensa e faça-a decrescer progressivamente até zero. Se entre a lembrança da sensação e a própria sensação houver apenas uma diferença de grau, a sensação se tornará lembrança antes de desaparecer. Ora, sem dúvida chega um momento em que você não pode mais dizer se está lidando com uma sensação fraca que sente ou com uma sensação fraca que imagina; mas nunca o estado fraco se torna a lembrança, lançada no passado, do estado forte. Portanto, a lembrança é outra coisa.

A lembrança de uma sensação é algo capaz de *sugerir* essa sensação, quero dizer, de fazê-la renascer, fraca primeiro, mais forte em seguida, cada vez mais forte à medida que a atenção vai se fixando mais sobre ela. Mas é distinta do estado que sugere, e é precisamente porque o sentimos por trás da sensação sugerida, como o magnetizador* por trás da alucinação provocada, que localizamos no passado a causa do que estamos vivenciando. De fato, a sensação é essencialmente o atual e o presente; mas a lembrança, que a sugere do fundo do inconsciente de onde mal emerge, apresenta-se com esse poder *sui generis* de sugestão que é a marca do que não existe mais, do que gostaria de continuar existindo. Mal a sugestão tocou a imaginação e já a coisa sugerida delineia-se em estado nascente, e por isso é tão difícil distinguir entre uma sensação fraca que se experimenta e uma sensação fraca que se rememora sem datá-la. Mas a sugestão não é em nenhum grau o que ela sugere, a lembrança pura de uma sensação ou de uma percepção não é em nenhum grau a própria sensação ou a própria percepção. Ou então será preciso dizer que a própria fala do magnetizador para sugerir aos sujeitos adormecidos que eles têm na boca açúcar ou sal já deve ser um pouco doce ou salgada.

Quem continuasse aprofundando-se abaixo dessa ilusão encontraria em sua raiz a necessidade, inata em nosso espírito, de representar-se a totalidade de nossa vida interior com base no modelo da pequeníssima parte de nós mesmos que está inserida na realidade presente, que a percebe e age sobre ela. Nossas percepções e sensações são ao mesmo tempo o que há de mais claro em nós e de mais importante para nós; marcam a cada instante a relação mutável de nosso corpo com os outros

---

* Hipnotista. (N. da T.)

corpos; determinam ou orientam nossa conduta. Daí nossa tendência para vermos nos outros fatos psicológicos apenas percepções ou sensações obscurecidas ou diminuídas. Mesmo aqueles dentre nós que mais resistem a essa tendência, que acreditam perceber no pensamento outra coisa que não um jogo de imagens, têm dificuldade em persuadir-se de que a lembrança de uma percepção se distingue radicalmente da própria percepção: parece-lhes que em todo caso a lembrança deveria ser exprimível em termos de percepção, obter-se por alguma operação efetuada com base na imagem. Qual será então essa operação? *A priori*, dizemo-nos que só pode incidir na *qualidade* do conteúdo da imagem, ou em sua *quantidade*, ou em ambas ao mesmo tempo. Ora, sem a menor dúvida não é da qualidade que ela trata efetivamente, visto que a lembrança deve representar-nos o passado sem alterá-lo. Será portanto da quantidade. Mas a quantidade, por sua vez, pode ser extensiva ou intensiva, pois a imagem abrange um número determinado de partes e apresenta um certo grau de força. Consideremos a primeira alternativa. A lembrança modifica a extensão da imagem? Não, evidentemente, pois, se acrescentasse algo ao passado seria infiel, e se suprimisse algo seria incompleta. Resta portanto a modificação incidir na intensidade; e, como obviamente não é um aumento, é uma diminuição. Essa é a dialética instintiva, pouco consciente, pela qual somos levados, de eliminação em eliminação, a fazer da lembrança uma atenuação da imagem.

Alcançada essa conclusão, toda nossa psicologia da memória inspira-se nela; mesmo nossa fisiologia sofre sua influência. De qualquer maneira que consideremos o mecanismo cerebral da percepção, vemos na lembrança apenas uma nova estimulação do mesmo mecanismo, uma repetição atenuada do mesmo fato. Entretanto aí está a experiência parecendo dizer o contrário. Ela nos mostra que é possível perder as lembranças visuais sem deixar de ver e as lembranças auditivas sem deixar de ouvir, que a cegueira e a surdez psíquicas não implicam necessariamente a perda da visão ou da audição: seria isso possível se a percepção e a memória envolvessem aqui os mesmos centros, pusessem em jogo os mesmos mecanismos? Mas preferimos ignorar isso a concordar com uma distinção radical entre a percepção e a lembrança.

Portanto, por dois caminhos convergentes – reconstituindo nossa vida psicológica com estados nitidamente destacados e julgando todos esses estados exprimíveis em termos de imagens –, o raciocínio termina fazendo da lembrança uma percepção atenuada, algo que sucede a percepção em vez de ser contemporâneo dela. Deixemos de lado essa dialética natural para nossa inteligência, cômoda para a linguagem, talvez indispensável para a prática, mas não sugerida pela observação interior: a lembrança mostra-se duplicando a todo instante a percepção, nascendo com ela, desenvolvendo-se no mesmo tempo que ela, sobrevivendo a ela, precisamente porque é de uma natureza diferente.

Então, o que é a lembrança? Toda descrição clara de um estado psicológico faz-se por imagens, e acabamos de dizer que a lembrança de uma imagem não é uma imagem. Portanto a lembrança pura só poderá ser descrita de modo vago, em termos metafóricos. Digamos, como explicávamos em *Matéria e memória*[45], que ela está para a percepção assim como a imagem vista no espelho está para o objeto colocado diante dele. O objeto é toca-

---

45. *Matière et Mémoire*, pp. 139, 144 ss. Cf. todo o capítulo I.

do tanto quanto é visto; age sobre nós como agimos sobre ele; está pleno de ações possíveis, é *atual*. A imagem é *virtual* e, apesar de semelhante ao objeto, não é capaz de fazer nada do que ele faz. Nossa existência atual, à medida que se desenrola no tempo, também é acompanhada de uma existência virtual, de uma imagem em espelho. Cada momento de nossa vida oferece portanto dois aspectos: é atual e virtual, percepção de um lado e lembrança do outro; cinde-se ao mesmo tempo que se apresenta. Ou melhor, consiste justamente nessa cisão, pois o instante presente, sempre em andamento, limite fugaz entre o passado imediato que não existe mais e o futuro imediato que não existe ainda, se reduziria a uma simples abstração se não fosse precisamente o espelho móvel que reflete incessantemente a percepção como lembrança.

Imaginemos um espírito que tomasse consciência desse desdobramento. Suponhamos que o reflexo de nossa percepção e de nossa ação volte para nós, não quando a percepção está completa e a ação se concluiu, mas à medida que formos percebendo e agindo. Veremos então ao mesmo tempo nossa existência real e sua imagem virtual, o objeto de um lado e o reflexo do outro. O reflexo, aliás, não se deixará confundir com o objeto, pois este tem todas as características da percepção e aquele já é lembrança: se não o fosse desde já, não o seria nunca. Mais tarde, quando cumprir sua função normal, a lembrança nos representará nosso passado com a marca do passado; percebida no momento em que se forma, é com a marca do passado, constitutiva de sua essência, que ela aparece. Qual é esse passado? Não tem data nem poderia ter; é o passado *em geral*, não pode ser nenhum passado em particular. A rigor, se consistisse simplesmente num certo espetáculo visto, numa certa emoção sentida, a pessoa poderia enganar-se e acreditar que já viu o que está vendo, já sentiu o que está sentindo. Mas se trata de algo muito diferente. O que a cada instante se desdobra em percepção e lembrança é a totalidade do que estamos vendo, ouvindo, sentindo, tudo o que somos com tudo o que nos cerca. Se tomarmos consciência desse desdobramento, é a integralidade de nosso presente que nos aparecerá simultaneamente como percepção e como lembrança. E entretanto sabemos bem que não se vive duas vezes o mesmo momento de uma história e que o tempo não volta atrás em seu curso. Que fazer? A situação é estranha, paradoxal; transtorna todos nossos hábitos. Uma lembrança está aí: é uma lembrança, pois traz a marca característica dos estados a que costumamos dar esse nome e que só se delineiam para a consciência depois de desaparecido seu objeto. E entretanto não nos representa algo que tenha sido, mas simplesmente algo que é; caminha *pari passu* com a percepção que reproduz. É, no momento atual, uma lembrança desse momento. É passado quanto à forma e presente quanto à matéria. É uma *lembrança do presente.*

À medida que a situação avança, a lembrança, que se mantém ao lado dela, dá a cada uma das etapas o aspecto do *"déjà vu"*, do já conhecido. Mas essa situação, mesmo antes de chegar a seu termo, parece-nos formar um todo, estando destacada na continuidade de nossa experiência pelo interesse do momento. Como já teríamos vivido uma parte da situação se não tivéssemos vivido seu todo? Reconheceríamos o que está se desenrolando se não conhecêssemos o que ainda está enrolado? Não estamos em condições, pelo menos, de em cada momento antecipar o momento seguinte? Esse instante que vai chegar já está sendo encetado pelo instante presente; o conteúdo do primeiro é inseparável do conteúdo do segundo: se um deles é, sem a menor dúvida, um reinício de meu passado, como o instante seguinte também não o seria? Reconheço aquele, portanto seguramente vou reconhecer este. Assim me encontro incessantemente, ante o que está a ponto de acontecer, na atitude de uma pessoa que reconhecerá, e que portanto conhece. Mas isso é apenas a *atitude* do conhecimento; é sua forma sem a matéria. Como não posso predizer o que vai acontecer, vejo bem que não o sei; mas prevejo que vou ter sabido, na medida em que o reconhecerei ao percebê-lo; e esse reconhecimento por vir, que sinto inevitável em virtude do elã em que minha faculdade de reconhecer se alongou, exerce antecipadamente um efeito retroativo sobre meu presente, colocando-me na estranha situação de uma pessoa que sente que conhece o que sabe que ignora.

Suponhamos uma lição que outrora alguém soube de cor e agora já esqueceu, mas que um dia se surpreende repetindo maquinalmente. Como reconhece cada palavra assim que a pronuncia, sente que a tem consigo antes de pronunciá-la, e entretanto só a encontra ao pronunciá-la. Quem tomar consciência do contínuo desdobramento de seu presente como percepção e como lembrança estará na mesma situação. Autoanalisando-se um pouco, vai comparar-se com o ator que desempenha automaticamente seu papel, escutando a si mesmo e vendo-se atuar. Quanto mais se aprofundar no que está sentindo, mais se cindirá em dois personagens, um dos quais se oferece em espetáculo para o outro. Por um lado, sabe que continua a ser o que era, um eu que pensa e age de acordo com o que a situação exige, um eu inserido na vida real e adaptando-se a ela por um livre esforço de vontade: é o que sua percepção do presente lhe assegura. Mas a lembrança desse presente, que também está ali, leva-o a crer que está repetindo integralmente coisas já ditas, que está revendo exatamente coisas já vistas, e assim o transforma em ator que recita um papel. Daí dois eus diferentes, um dos quais, consciente de sua liberdade, erige-se em espectador independente de uma cena que o outro representasse de modo maquinal. Mas esse desdobramento nunca vai até o fim. É antes uma oscilação da pessoa entre dois pontos de vista sobre ela mesma, um vaivém do espírito entre a percepção que é apenas percepção e a percepção acompanhada de sua própria lembrança: a primeira engloba o sentimento habitual que temos de nossa liberdade e insere-se muito naturalmente no mundo real; a segunda faz-nos crer que estamos repetindo um papel decorado, converte-nos em autômatos, transporta-nos para um mundo de teatro ou de sonho. Quem já passou durante alguns instantes por um perigo iminente, do qual só pôde escapar por uma série rápida de procedimentos tão imperiosamente necessários quanto ousadamente realizados, sentiu algo do mesmo gênero. É um desdobramento mais virtual do que real. A pessoa age e entretanto "é agida". Sente que escolhe e quer, mas que escolhe o imposto e quer o inevitável. Daí uma interpenetração de estados que se fundem e mesmo se identificam juntos na consciência imediata, mas que nem por isso deixam de ser logicamente incompatíveis entre si e que a consciência reflexiva se representará portanto como um desdobramento do eu em dois personagens diferentes, um dos quais assumiria tudo o que é liberdade, enquanto o outro guardaria para si a necessidade – aquele, espectador livre, olhando este desempenhar automaticamente seu papel.

Acabamos de descrever os três aspectos principais sob os quais apareceríamos a nós mesmos, no estado normal, se pudéssemos assistir à cisão de nosso presente. Ora, essas são precisamente as características do falso reconhecimento. Encontram-se tanto mais acentuadas quanto mais nítido for o fenômeno, mais completo, mais profundamente analisado por quem vivencia essa experiência.

De fato, muitos falaram de um sentimento de automatismo e de um estado semelhante ao do ator que representa um papel. O que é dito e o que é feito, o que a própria pessoa diz e faz, parece "inevitável". Ela assiste a seus próprios movimentos, a seus pensamentos, a suas ações[46]. Tudo acontece *como se* ela se desdobrasse sem entretanto desdobrar-se efetivamente. Um dos sujeitos escreve: "Esse sentimento de desdobramento só existe na sensação; as duas pessoas formam apenas uma do ponto de vista material."[47] Sem dúvida ele quer dizer que experimenta um sentimento de dualidade, mas acompanhado da consciência de que se trata de uma mesma e única pessoa.

Por outro lado, como dizíamos no início, o sujeito frequentemente se encontra no singular estado de alma de uma pessoa que acredita saber o que vai acontecer e ao mesmo tempo sente-se incapaz de predizê-lo. "Sempre me parece", diz um deles, "que vou prever a continuação, mas não poderia anunciá-la realmente." Um outro lembra-se do que vai acontecer "como nos lembramos de um nome que está rondando a memória"[48]. Uma

---

46. Ver especialmente as observações coletadas por Bernard-Leroy, *op. cit.*, pp. 182, 185, 176, 232 etc.
47. *Ibid.*, p. 186.
48. Lalande, "Des paramnésies", *Rev. philos.*, vol. XXXVI, 1893, p. 487.

das observações mais antigas é a de um paciente que imagina que antecipa tudo o que as pessoas a seu redor farão[49]. Essa é uma outra característica do falso reconhecimento.

Porém a mais geral de todas é aquela de que falávamos inicialmente: a lembrança evocada é uma lembrança suspensa no ar, sem ponto de apoio no passado. Não corresponde a nenhuma experiência anterior. Os sujeitos sabem disso, têm convicção disso, e essa convicção não resulta de um raciocínio: é imediata. Confunde-se com o sentimento de que a lembrança evocada deve ser simplesmente um duplicado da percepção atual. Seria então uma "lembrança do presente"? Se não dizem assim, sem dúvida é porque a expressão pareceria contraditória, porque só concebem a lembrança como uma repetição do passado, porque não admitem que uma representação possa portar a marca do passado independentemente do que ela representa, finalmente porque são teóricos sem saber disso e consideram toda lembrança como posterior à percepção que ela reproduz. Mas dizem algo parecido; falam de um passado que nenhum intervalo separaria do presente: "Senti produzir-se em mim uma espécie de disparo que suprimiu todo o passado entre aquele minuto de antigamente e o minuto em que eu estava."[50] Essa é de fato a característica do fenômeno. Quem falar de falso reconhecimento deveria especificar que se trata de um processo que não simula realmente o reconhecimento verdadeiro e não dá a ilusão dele. O que é de fato o reconhecimento normal? Ele pode produzir-se de duas maneiras: ou por um sentimento de familiarida-

---

49. Jensen, *art. cit.*, p. 57.
50. F. Gregh, citado por Bernard-Leroy, p. 183.

de que acompanha a percepção presente, ou pela evocação de uma percepção passada que a percepção presente parece repetir. Ora, o falso reconhecimento não é nenhuma dessas duas operações. O que caracteriza o reconhecimento do primeiro tipo é que ele exclui toda evocação de uma situação determinada, pessoal, em que o objeto reconhecido já tivesse sido percebido. Meu gabinete de trabalho, minha mesa, meus livros compõem ao meu redor uma atmosfera de familiaridade somente com a condição de não fazerem surgir a lembrança de nenhum acontecimento específico de minha história. Se evocarem a lembrança precisa de um incidente do qual participaram, reconheço-os ainda como tendo tomado parte nele, mas esse reconhecimento acrescenta-se ao primeiro e distingue-se profundamente dele, como o pessoal se distingue do impessoal. Ora, o falso reconhecimento é diferente desse sentimento de familiaridade. Sempre se refere a uma situação pessoal que o indivíduo tem a convicção de que reproduz uma outra situação pessoal, tão precisa e tão determinante quanto ela. Restaria então tratar-se do reconhecimento do segundo tipo, aquele que implica a evocação de uma situação semelhante àquela em que a pessoa se encontra atualmente. Note-se porém que nesse caso são sempre situações parecidas e não situações idênticas. O reconhecimento do segundo tipo faz-se apenas pela representação daquilo que diferencia as duas situações e simultaneamente daquilo que lhes é comum. Se assisto pela segunda vez a uma comédia, reconheço uma a uma cada palavra, cada cena; reconheço enfim toda a peça e lembro-me de já tê-la visto; mas então eu estava sentado num outro lugar, tinha outros vizinhos, chegava com outras preocupações; e em todo caso eu não podia ser então o que sou hoje, visto que nesse entretempo vivi. Portanto, embora sejam as mesmas, as duas imagens não se apresentam no mesmo contexto, e o vago sentimento da diferença entre os contextos cerca, como uma franja, a consciência que tomo da identidade das imagens e permite-me distingui-las a todo instante. Ao contrário, no falso reconhecimento os contextos são idênticos, assim como as próprias imagens. Assisto ao mesmo espetáculo com as mesmas sensações, as mesmas preocupações; em resumo, nesse momento estou no mesmo ponto, na mesma data, no mesmo instante em que estava então de minha história. Portanto, dificilmente se pode falar aqui de ilusão, visto que o conhecimento ilusório é a imitação de um conhecimento real, e o fenômeno com que estamos lidando não imita nenhum outro fenômeno de nossa experiência. E dificilmente se pode falar de falso reconhecimento, visto que não há reconhecimento verdadeiro, de um tipo ou de outro, do qual este aqui fosse a exata imitação. Na realidade trata-se de um fenômeno único em seu gênero, aquele mesmo que a "lembrança do presente" produziria se surgisse subitamente do inconsciente onde deve permanecer. Ele pareceria uma lembrança, visto que a lembrança apresenta uma marca distintiva, diferente da marca da percepção; mas não poderia ser relacionado com uma experiência passada, porque todos sabemos muito bem que ninguém vive duas vezes o mesmo momento de sua história.

Resta saber por que essa lembrança habitualmente permanece oculta e como se revela em casos extraordinários. De modo geral, *de direito*, o passado retorna à consciência apenas na medida em que puder ajudar a compreender o presente e a prever o futuro: é um batedor da ação. Toma-se o caminho errado quando se estudam as funções de representação em estado isolado, como se fossem por si mesmas sua própria finalidade, como se fôssemos puros espíritos, ocupados em ver passar ideias e imagens. Então a percepção presente atrairia para si uma lembrança similar sem segunda intenção de utilidade, à toa, pelo prazer – pelo prazer de introduzir no mundo mental uma lei de atração análoga à que governa o mundo dos corpos. É claro que não contestamos a "lei de similaridade"; mas, como observávamos em outro lugar, duas ideias quaisquer e duas imagens tomadas ao acaso, por mais distantes que a pessoa as suponha, sempre se parecerão em algum aspecto, visto que ela encontrará sempre um gênero comum no qual encaixá-las: de modo que uma percepção qualquer evocaria uma lembrança qualquer, se houvesse aqui apenas uma atração mecânica do semelhante pelo semelhante. A verdade é que, se uma percepção evoca uma lembrança, é para que as circunstâncias que precederam, acompanharam e sucederam a situação passada lancem alguma luz sobre a situação atual e mostrem por onde sair dela. Milhares e milhares de evocações de lembranças por semelhança são possíveis, mas a lembrança que tende a reaparecer é a que se parece com a percepção num certo aspecto particular, aquele que pode aclarar e dirigir o ato em preparação. E a lembrança propriamente dita poderia, a rigor, não manifestar-se: bastaria que evocasse, sem mostrar-se ela mesma, as circunstâncias que se deram em contiguidade com ela, o que precedeu e o que veio depois, enfim o que importa conhecer para compreender o presente e antecipar o futuro. Seria mesmo concebível que nada disso se manifestasse à consciência e que apenas a conclusão aparecesse, ou seja, a sugestão precisa de um certo procedimento a adotar. Provavelmente é o que acontece com a maioria dos animais. Porém, quanto mais a consciência se desenvolve, mais ela aclara a operação da memória e também mais deixa transparecer a associação por semelhança – que é o meio – por trás da associação por contiguidade – que é o objetivo. Aquela, uma vez instalada na consciência, permite a uma infinidade de lembranças supérfluas introduzir-se em virtude de alguma semelhança, mesmo desprovida de interesse atual; assim se explica que possamos sonhar um pouco ao agir; mas foram as necessidades da ação que determinaram as leis da evocação; apenas elas detêm as chaves da consciência, e as lembranças de sonho só se introduzem aproveitando o que há de frouxo, de mal definido na relação de semelhança que autoriza a entrada. Em resumo, se a totalidade de nossas lembranças exerce a todo instante uma pressão do fundo do inconsciente, a consciência atenta à vida só deixa passar legalmente as que podem contribuir para a ação presente, embora muitas outras se insinuem graças a essa condição geral de semelhança que foi necessário estabelecer.

Porém haverá algo mais inútil para a ação presente do que a lembrança do presente? Todas as outras lembranças poderiam invocar direitos, pois pelo menos trazem consigo alguma informação, mesmo que sem interesse atual. A lembrança do presente é a única que nada tem a ensinar-nos, por ser apenas o duplo da percepção. Temos o objeto real: que faríamos da imagem virtual? Seria o mesmo que trocar o pássaro na mão por sua sombra.

É por isso que não há lembrança da qual nossa atenção se desvie mais obstinadamente.

A propósito, a atenção de que se trata não é essa atenção individual cuja intensidade, direção e duração mudam de uma pessoa para outra. É, poderíamos dizer, a atenção da espécie, uma atenção naturalmente voltada para certas regiões da vida psicológica e naturalmente desviada das outras. No interior de cada uma dessas regiões nossa atenção individual sem dúvida se dirigirá como lhe aprouver, mas então virá simplesmente superpor-se à primeira, como a escolha que o olho individual faz deste ou daquele objeto para olhá-lo superpõe-se à que o olho humano fez, uma vez por todas, de uma certa região determinada do espectro para nela ver a luz. Ora, enquanto uma leve diminuição da atenção individual é apenas distração normal, todo enfraquecimento da atenção específica traduz-se por fatos patológicos ou anormais.

O falso reconhecimento é uma dessas anomalias. Ele se deve a um enfraquecimento temporário da atenção geral à vida: o olhar da consciência, não mantendo mais sua direção natural, deixa-se distrair considerando o que não tem interesse algum em perceber. Mas o que se deve entender aqui por "atenção à vida"? Qual é o tipo especial de distração que resulta no falso reconhecimento? Atenção e distração são termos vagos: seria possível defini-los mais claramente neste caso particular? Vamos tentar fazê-lo, mas sem pretendermos, num assunto tão obscuro, alcançar a clareza completa e a precisão definitiva.

Não se observou suficientemente que nosso presente é sobretudo uma antecipação de nosso futuro. A visão que a consciência reflexiva nos dá de nossa vida interior é sem dúvida a de um estado sucedendo-se a um estado, cada um deles começando num ponto, terminando num outro e bastando provisoriamente a si mesmo. Assim o quer a reflexão, que prepara os caminhos para a linguagem; ela distingue, afasta e justapõe; só fica à vontade no definido e também no imóvel; detém-se numa concepção estática da realidade. Mas a consciência imediata capta algo muito diferente. Imanente à vida interior, mais a sente do que a vê; porém a sente como um movimento, como um avanço contínuo sobre um futuro que incessantemente recua. Esse sentimento, aliás, torna-se muito claro quando se trata de um ato específico a ser realizado. O final da operação aparece-nos de imediato e, durante todo o tempo em que agimos, temos menos consciência de nossos estados sucessivos do que de uma distância decrescente entre a posição atual e o final do qual nos aproximamos. Mesmo esse objetivo, aliás, é percebido apenas como um objetivo provisório: sabemos que há outra coisa por trás; no impulso que tomamos para vencer o primeiro obstáculo já nos preparamos para saltar um segundo e aguardamos os outros que se sucederão indefinidamente. Da mesma forma, quando ouvimos uma frase não nos preocupamos em prestar atenção às palavras tomadas isoladamente: é o sentido do todo que nos interessa; desde o início reconstruímos esse sentido hipoteticamente; lançamos nosso espírito numa certa direção geral, sujeitando-nos a mudar diversamente essa direção à medida que a frase, desenrolando-se, impelir nossa atenção num sentido ou num outro. Também aqui o presente, mais do que captado em si mesmo, é percebido no futuro que ele invade. Esse elã dá a todos os estados psicológicos que nos faz atravessar ou transpor um aspecto particular, mas tão constante que nos apercebemos de sua ausência quando ele falta, bem mais que de sua presença, com a qual estamos habituados. Todos já pudemos notar o caráter estranho que às vezes uma palavra familiar assume quando detemos nela nossa atenção. Parece uma palavra nova, e de fato o é; até então, nossa consciência nunca havia feito dela um ponto de parada; atravessava-a para chegar ao fim de uma frase. Comprimir o elã de nossa vida psicológica inteira não nos é tão fácil quanto o de nossa fala; mas, quando o elã geral enfraquece, a situação atravessada deve parecer tão bizarra quanto o som de uma palavra que se imobiliza no decorrer do movimento da frase. Deixa de incorporar-se na vida real. Procurando dentre nossas experiências passadas a que mais se parece com ela, é ao sonho que a compararemos.

Ora, é preciso notar que a maioria dos sujeitos, descrevendo o que sente durante e após o falso reconhecimento, fala de uma impressão de sonho. A ilusão é acompanhada "de uma espécie de sentimento não analisável de que a realidade é um sonho", diz Paul Bourget[51]. Numa auto-observação redigida em inglês, que me foi enviada há alguns anos, encontro o epíteto *shadowy* aplicado ao conjunto do fenômeno; a pessoa acrescenta que mais tarde, quando o rememora, o fenômeno se apresenta como *the half forgotten relic of a dream*. Observadores que não se conhecem, que falam línguas diferentes, expressam-se aqui em termos que são a tradução textual uns dos outros. Portanto, a impressão de sonho é mais ou menos geral.

Mas é preciso notar também que as pessoas propensas ao falso reconhecimento frequentemente são levadas a achar estranha uma palavra familiar. Uma enquete feita por G. Heymans mostrou-lhe que essas duas disposições estavam interligadas[52]. O autor acrescenta

---

51. Observação coletada por Bernard-Leroy, *op. cit.*, p. 169.
52. *Zeitschr. f. Psychologie*, vol. 36, 1904, pp. 321-43; e vol. 43, 1906, pp. 1-17.

com razão que as teorias correntes sobre o primeiro fenômeno não explicam por que ele se associa ao segundo.

Nessas condições, acaso não será lícito procurar a causa inicial do falso reconhecimento numa interrupção momentânea de nosso elã de consciência – interrupção que, é claro, não muda nada na materialidade de nosso presente, mas destaca-o do futuro em que está incorporado e da ação que seria sua conclusão normal, dando-lhe assim o aspecto de um simples quadro, de um espetáculo que a pessoa oferece a si mesma, de uma realidade transposta para um sonho? Permitam-nos descrever uma impressão pessoal. Não temos propensão para o falso reconhecimento, mas, desde que começamos a estudá-lo, tentamos, com muita frequência, colocar-nos no estado de alma descrito pelos observadores e induzir experimentalmente em nós o fenômeno. Nunca o conseguimos totalmente; entretanto obtivemos, em diversas ocasiões, algo parecido, mas muito fugaz. Para isso é preciso que nos encontremos diante de uma cena não apenas nova para nós mas que contraste com o curso de nossa vida habitual. Será, por exemplo, um espetáculo a que assistimos em viagem, sobretudo se a viagem foi improvisada. Então a primeira condição é que experimentemos um certo espanto muito particular, que chamarei de *espanto de estar ali*. A esse espanto vem unir-se uma sensação bastante diferente, que entretanto tem parentesco com ela: o sentimento de que *o futuro está fechado*, de que a situação está desprendida de tudo mas estamos presos a ela. À medida que essas duas emoções se interpenetram, a realidade perde solidez e nossa percepção do presente também tende a acompanhar-se de alguma outra coisa, que estaria por trás. É a "lembrança do presente" que transparece? Não nos atreveríamos a afirmar que sim; mas bem parece que estamos a caminho do falso reconhecimento e que pouco faltaria para chegarmos lá.

Agora, por que a *lembrança do presente* espera, para revelar-se, que o *elã de consciência* enfraqueça ou se detenha? Nada sabemos sobre o mecanismo pelo qual uma representação sai do inconsciente ou volta a cair nele. Tudo que podemos fazer é recorrer a um esquema provisório para simbolizar a operação. Retomemos aquele que havíamos utilizado no início. Imaginemos a totalidade das lembranças inconscientes como exercendo pressão contra a consciência – esta deixando passar, em princípio, apenas o que pode contribuir para a ação. A lembrança do presente faz força como as outras; aliás, está mais perto de nós que as outras; debruçada sobre nossa percepção do presente, está sempre a ponto de entrar nela. A percepção só escapa graças a um movimento contínuo para a frente, que mantém a distância entre ambas. Em outras palavras, uma lembrança só se atualiza por intermédio de uma percepção: portanto, a lembrança do presente penetraria na consciência se pudesse insinuar-se na percepção do presente. Mas esta se encontra sempre à frente daquela: graças ao elã que a anima, está menos no presente que no futuro. Suponhamos que de súbito o elã se detenha: a lembrança alcança a percepção, o presente é reconhecido ao mesmo tempo que é conhecido.

O falso reconhecimento seria, enfim, a forma mais inofensiva da desatenção à vida. Uma atenuação constante do tom da atenção fundamental expressa-se por distúrbios psicológicos menos ou mais profundos e duradouros. Mas pode acontecer que essa atenção habitualmente se mantenha em seu tom normal e que sua insuficiência se manifeste de um modo muito diferente: por interrupções de funcionamento, geralmente muito curtas, espaçadas de longe em longe. Assim que ocorre a interrupção, o falso reconhecimento alcança a consciência, recobre-a durante alguns instantes e prontamente volta a cair, como uma onda.

Vamos concluir com uma última hipótese, que já sugeríamos no início de nosso trabalho. Se a desatenção à vida pode assumir duas formas desigualmente graves, não será legítimo supor que a segunda, mais benigna, é um meio de preservar-se da outra? Quando uma insuficiência da atenção apresentar o risco de traduzir-se por uma passagem definitiva do estado de vigília para o estado de sonho, a consciência localiza o mal em alguns pontos nos quais concede à atenção breves interrupções: assim a atenção poderá, durante todo o restante do tempo, manter-se em contato com a realidade. Alguns casos muito claros de falso reconhecimento confirmariam essa hipótese. Primeiro o sujeito sente-se separado de tudo, como num sonho: chega ao falso reconhecimento imediatamente depois, quando começa a recuperar o domínio de si[53].

Esse seria, portanto, o distúrbio da vontade que ocasionaria o falso reconhecimento. Seria mesmo sua causa inicial. Quanto à causa próxima, deve ser procurada em outro lugar, no jogo combinado da percepção e da memória. O falso reconhecimento resulta do funcionamento natural dessas duas faculdades entregues às suas próprias forças. Aconteceria a todo instante se a vontade, constantemente tensionada para a ação, não impedisse o

---

53. Ver especialmente a auto-observação de Kraepelin e as de Dromard e Albès, *art. cit.*

presente de voltar sobre si mesmo, impelindo-o indefinidamente para o futuro. O *elã de consciência*, que manifesta o elã de vida, escapa à análise por sua simplicidade. Pelo menos é possível estudar, nos momentos em que ele se afrouxa, as condições do equilíbrio móvel que mantivera até então, e assim analisar uma manifestação sob a qual transparece sua essência.

VI. O ESFORÇO INTELECTUAL[1]

O problema que abordamos aqui é diferente do problema da atenção como é colocado pela psicologia contemporânea. Quando rememoramos fatos passados, quando interpretamos fatos presentes, quando ouvimos um discurso, quando acompanhamos o pensamento de outrem e quando escutamos nós mesmos pensando, enfim, quando um sistema complexo de representações ocupa nossa inteligência, sentimos que podemos tomar duas atitudes diferentes, uma de tensão e a outra de relaxamento, que se distinguem sobretudo por o sentimento do esforço estar presente numa e ausente da outra. O jogo das representações é o mesmo nos dois casos? Os elementos intelectuais são da mesma espécie e mantêm entre si as mesmas relações? Não se encontraria na própria representação, em suas reações interiores, na forma, no movimento e no agrupamento dos estados mais simples que a compõem, tudo o que é necessário

---

1. Este estudo foi publicado na *Revue philosophique* de janeiro de 1902.

para distinguir entre o pensamento que se deixa levar e o pensamento que se concentra e faz esforço? Mesmo no sentimento que temos desse esforço, a consciência de um certo *movimento de representações* muito particular não teria alguma participação? Essas são as questões que desejamos examinar. Todas se reduzem a uma única: *Qual é a característica intelectual do esforço intelectual?*

De qualquer modo que se resolva a questão, permanecerá intocado, devemos dizer, o problema da atenção tal como os psicólogos contemporâneos o apresentam. Isso porque os psicólogos ocuparam-se sobretudo da atenção sensorial, ou seja, da atenção prestada a uma percepção simples. Ora, como a percepção simples acompanhada de atenção é uma percepção que, em circunstâncias favoráveis, poderia ter apresentado o mesmo conteúdo – ou aproximadamente o mesmo – se a atenção não tivesse se juntado a ela, foi fora desse conteúdo que se teve de buscar aqui o caráter específico da atenção. A ideia, proposta por Ribot, de atribuir uma importância decisiva aos fenômenos motores concomitantes, e sobretudo às ações de inibição, está bem perto de tornar-se clássica em psicologia. Mas, à medida que o estado de concentração intelectual se complica, vai se tornando mais interdependente do esforço que o acompanha. Há trabalhos do espírito sobre os quais não se concebe que se efetuem com desenvoltura e facilidade. Acaso seria possível, sem esforço, inventar uma nova máquina ou simplesmente extrair uma raiz quadrada? Portanto, o estado intelectual traz impressa em si, de um certo modo, a marca do esforço. Isso equivale a dizer que há aqui uma característica intelectual do esforço intelectual. É verdade que, se essa característica existe para as representações de ordem complexa e elevada, deve-se reencontrar algo dela em estados mais simples. Assim, não é impossível descobrirmos marcas suas até na própria atenção sensorial, ainda que esse elemento desempenhe ali apenas um papel acessório e obscuro.

Para simplificar o estudo, examinaremos as diversas espécies de trabalho intelectual separadamente, indo do mais fácil, que é reprodução, para o mais difícil, que é produção ou invenção. Portanto, é o esforço de memória, ou mais precisamente de rememoração, que nos ocupará primeiro.

Num ensaio anterior[2], mostramos que é preciso distinguir uma série de "planos de consciência" diferentes, desde a "lembrança pura", ainda não traduzida em imagens distintas, até essa mesma lembrança atualizada em sensações nascentes e em movimentos iniciados. Dizíamos que a evocação voluntária de uma lembrança consiste em atravessar esses planos de consciência um após outro, numa direção determinada. Ao mesmo tempo que nosso trabalho era lançado, S. Witasek publicava um artigo interessante e sugestivo[3] em que a mesma operação era definida como "uma passagem do não intuitivo para o intuitivo". É retornando a alguns pontos do primeiro trabalho e também recorrendo ao segundo que estudaremos primeiro, no caso da evocação das lembranças, a diferença entre a representação espontânea e a representação voluntária.

Em geral, quando decoramos uma lição ou quando procuramos memorizar um grupo de impressões, nosso único objetivo é reter bem o que aprendemos. Pouco nos preocupamos com o que mais tarde teremos de fazer para

---

2. *Matière et Mémoire*, Paris, 1896, caps. II e III.
3. *Zeitschr. f. Psychologie*, outubro de 1896.

rememorar o que teremos aprendido. O mecanismo da evocação nos é indiferente; o essencial é podermos, não importa como, evocar a lembrança quando precisarmos dela. É por isso que empregamos simultânea ou sucessivamente os mais diversos processos, pondo em ação a memória maquinal tanto quanto a memória inteligente, justapondo entre si as imagens auditivas, visuais e motoras para retê-las com exatidão em estado bruto ou, ao contrário, procurando substituí-las por uma ideia simples que expresse seu sentido e possibilite, se for o caso, a reconstituição da série. Também é por isso que, quando chega o momento de rememorar, não recorremos exclusivamente à inteligência nem exclusivamente ao automatismo: automatismo e reflexão unem-se aqui intimamente, a imagem evocando a imagem ao mesmo tempo que o espírito trabalha com representações menos concretas. Daí a extrema dificuldade que sentimos para definir com precisão a diferença entre as duas atitudes que o espírito toma quando evoca maquinalmente todas as partes de uma lembrança complexa e quando, ao contrário, as reconstitui ativamente. Há quase sempre uma parcela de evocação mecânica e uma parcela de reconstituição inteligente, tão bem misturadas que não saberíamos dizer onde começa uma e onde termina a outra. No entanto, apresentam-se casos excepcionais em que nos propomos a aprender uma lição complexa visando a uma evocação instantânea e, na medida do possível, maquinal. Por outro lado, há casos em que sabemos que a lição a ser aprendida nunca terá de ser rememorada de uma só vez e sim, ao contrário, deverá ser objeto de uma reconstituição gradual e lógica. Examinemos primeiro esses dois casos extremos. Veremos que para memorizar se procede de modos muito diferentes, dependendo da maneira como se deverá rememorar. Por outro lado, o trabalho *sui generis* que se efetua, ao adquirir a lembrança, para facilitar o esforço inteligente de evocação ou, ao contrário, para torná-lo inútil vai informar-nos sobre a natureza e as condições desse esforço.

Numa curiosa página de suas *Confidences*, Robert Houdin explica como procedeu para desenvolver em seu filho pequeno uma memória intuitiva e instantânea[4]. Começou mostrando-lhe uma pedra de dominó, a cinco-quatro, e perguntando-lhe o total dos pontos *sem deixar que os contasse.* A essa pedra acrescentou então uma outra, a quatro-três, também exigindo uma resposta imediata. Encerrou aí sua primeira lição. No dia seguinte, conseguia fazê-lo adicionar num relance três e quatro pedras, no dia sucessivo cinco; acrescentando diariamente novos progressos aos da véspera, acabou obtendo instantaneamente a soma dos pontos de doze pedras de dominó. "Depois de conseguirmos esse resultado, ocupamo-nos de um outro trabalho bem mais difícil, a que nos dedicamos durante mais de um mês. Meu filho e eu passávamos bem depressa diante de uma loja de brinquedos para crianças, ou de alguma outra que exibisse mercadorias variadas, e lançávamos um olhar atento. Alguns passos adiante, tirávamos do bolso lápis e papel e separadamente competíamos sobre quem descreveria um número maior de objetos que havíamos conseguido distinguir de passagem... Frequentemente acontecia a meu filho listar uns quarenta objetos..." O objetivo dessa educação especial era deixar a criança em condições de captar com um único olhar, numa sala de espetáculo, todos os objetos que todos os assistentes estivessem

---

4. Robert Houdin, *Confidences*, Paris, 1861, vol. I, pp. 8 ss.

portando; então, com os olhos vendados, ele simulava a segunda vista, descrevendo, a um sinal convencional de seu pai, um objeto escolhido ao acaso por um dos espectadores. Essa memória visual se desenvolvera a tal ponto que após alguns instantes passados diante de uma biblioteca o menino memorizava um grande número de títulos e o lugar exato dos volumes correspondentes. Ele tirava uma espécie de fotografia mental do todo, a qual em seguida possibilitava a evocação imediata das partes. Mas já na primeira lição e na própria proibição de somar os pontos das pedras de dominó percebemos a mola-mestra dessa educação da memória. Toda *interpretação* da imagem visual era excluída do ato de ver: a inteligência era mantida no plano das imagens visuais.

É no plano das imagens auditivas ou das imagens de articulação que se deve deixá-la para dar ao ouvido uma memória do mesmo gênero. Entre os métodos propostos para o ensino das línguas figura o de Prendergast[5], cujo princípio foi bastante utilizado. Consiste em fazer o aluno pronunciar primeiro frases cujo significado não lhe é permitido procurar. Nunca palavras isoladas: sempre orações completas, que ele deverá repetir maquinalmente. Se tentar adivinhar o sentido, o resultado fica comprometido. Se tiver um momento de hesitação, deve-se recomeçar tudo. Variando a posição das palavras, praticando trocas de palavras entre as frases, faz-se com que o sentido, por assim dizer, se ressalte espontaneamente para o ouvido, sem que a inteligência interfira. O objetivo é obter da memória a evocação instantânea e fácil. E o artifício consiste em fazer o espírito mover-se o mais possível entre imagens de sons e de articulações,

---

5. Prendergast, *Handbook of the Mastery Series*, Londres, 1868.

sem que intervenham elementos mais abstratos, que não pertençam ao plano das sensações e dos movimentos.

Portanto, a facilidade de evocação de uma lembrança complexa estaria na razão direta da tendência de seus elementos para estenderem-se num mesmo plano de consciência. E, de fato, todos nós já pudemos fazer pessoalmente essa observação. Um poema aprendido no colégio permaneceu em nossa memória? Recitando-o, percebemos que uma palavra chama a outra e que uma reflexão sobre o sentido mais atrapalharia do que facilitaria o mecanismo da evocação. As lembranças, num caso desses, podem ser auditivas ou visuais; mas simultaneamente são sempre motoras. Inclusive, temos dificuldade em distinguir o que é lembrança do ouvido e o que é hábito de articulação. Se pararmos no meio da recitação, nosso sentimento de "incompletude" nos parecerá dever-se ora a que o restante do poema continua a cantar em nossa memória, ora a que o movimento de articulação não foi até o fim de seu elã e gostaria de esgotá-lo, ora e quase sempre a ambos ao mesmo tempo. Mas é preciso notar que esses dois grupos de lembranças – lembranças auditivas e lembranças motoras – são da mesma ordem, igualmente concretos, igualmente próximos da sensação: retomando a expressão já empregada, estão num mesmo "plano de consciência".

Ao contrário, se a evocação for acompanhada de um esforço é porque o espírito se move de um plano para outro.

Como decorar quando o objetivo não é uma evocação instantânea? Os tratados de mnemônica dizem como, mas todos nós o intuímos. A pessoa lê o trecho atentamente, depois divide-o em parágrafos ou seções, levando em conta sua organização interna. Obtém assim uma visão esquemática do conjunto. Então, no interior do esquema, insere as expressões que mais se destacam. Relaciona com a ideia dominante as ideias subordinadas, com as ideias subordinadas as palavras dominadoras e representativas e finalmente com essas palavras as palavras intermediárias que as ligam como numa corrente. "O talento do mnemonista consiste em captar num trecho em prosa essas ideias salientes, essas frases curtas, essas simples palavras que arrastam consigo páginas inteiras."[6] Assim se expressa um tratado. Um outro dá a seguinte regra: "Reduzir a fórmulas curtas e substanciais..., destacar em cada fórmula a palavra sugestiva..., associar entre si todas essas palavras e formar assim um encadeamento lógico de ideias."[7] Portanto, aqui a pessoa já não liga mecanicamente imagens com imagens, cada uma devendo trazer consigo a que vem em seguida. Transporta-se para um ponto em que a multiplicidade de imagens parece condensar-se numa representação única, simples e indivisa. É essa representação que ela confia à sua memória. Então, quando chegar o momento da evocação, voltará a descer do topo da pirâmide para a base. Passará do plano superior, em que tudo estava recolhido numa única representação, para planos cada vez menos elevados, cada vez mais próximos da sensação, nos quais a representação simples está espalhada em imagens, nos quais as imagens se desenvolvem em frases e palavras. É verdade que a evocação já não será imediata e fácil. Será acompanhada de esforço.

Com esse segundo método, sem dúvida será preciso mais tempo para rememorar, porém menos tempo

---

6. Audibert, *Traité de mnémotechnie générale*, Paris, 1840, p. 173.
7. André, *Mnémotechnie rationnelle*, Angers, 1894.

para aprender. Como já se observou muitas vezes, o aperfeiçoamento da memória é menos um aumento de retentividade do que uma habilidade maior para subdividir, coordenar e encadear as ideias. O pregador citado por W. James levava no início três ou quatro dias para decorar um sermão. Mais tarde precisava de apenas dois dias, depois só de um; por fim, uma leitura única, atenta e *analítica*, era suficiente[8]. Evidentemente o progresso aqui é apenas uma aptidão cada vez maior para fazer todas as ideias, todas as imagens, todas as palavras convergirem num único ponto. Trata-se de obter a moeda única da qual todo o restante são apenas centavos.

Qual é essa moeda única? Como tantas imagens diversas cabem implicitamente numa representação simples? Teremos de voltar a esse ponto. Por enquanto vamos limitar-nos a apor na representação simples, desdobrável em imagens múltiplas, um nome que a torne reconhecível: diremos, recorrendo ao grego, que é um *esquema dinâmico*. Com isso queremos dizer que tal representação contém menos as imagens propriamente ditas do que a indicação do que é preciso fazer para reconstituí-las. Não é um extrato das imagens, obtido por empobrecimento de cada uma delas: então não se compreenderia que o esquema nos permitisse, em muitos casos, recuperar as imagens integralmente. Não é tampouco, ou pelo menos não é apenas, a representação abstrata daquilo que o conjunto das imagens significa. Sem dúvida a ideia da significação ocupa-lhe um grande espaço; mas, além de ser difícil dizer o que acontece com essa ideia da significação das imagens quando a separamos completamente das imagens propriamente ditas,

---

8. W. James, *Principles of Psychology*, vol. I, p. 667 (nota).

está claro que a mesma significação lógica pode pertencer a séries de imagens totalmente diferentes e portanto não bastaria para fazer-nos reter e reconstituir determinada série de imagens com exclusão de todas as outras. O esquema é algo difícil de definir, mas que todos sentimos e cuja natureza entenderá quem comparar entre si as diferentes espécies de memórias, sobretudo as memórias técnicas ou profissionais. Não podemos entrar aqui em detalhes. Diremos porém algumas palavras sobre uma memória que nestes últimos anos tem sido objeto de um estudo particularmente atento e acurado: a memória dos jogadores de xadrez[9].

Sabe-se que alguns jogadores de xadrez são capazes de conduzir simultaneamente várias partidas sem olhar os tabuleiros. A cada lance de um dos adversários, alguém lhes indica a nova posição da peça movida. Então eles mandam mover uma peça de seu próprio jogo e assim, jogando "às cegas", representando mentalmente a todo momento as posições respectivas de todas as peças em todos os tabuleiros, conseguem ganhar, frequentemente contra jogadores hábeis, as partidas simultâneas. Numa página muito conhecida de seu livro sobre a inteligência, Taine analisou essa aptidão, de acordo com as indicações fornecidas por um amigo[10]. Haveria nisso, segundo ele, uma memória puramente visual. O jogador veria continuamente, como num espelho interior, a imagem de cada tabuleiro com suas peças, tal como ela se apresenta na última jogada feita.

Ora, da enquete efetuada por Binet com vários "jogadores às cegas", uma conclusão muito clara parece res-

---

9. Binet, *Psychologie des grands calculateurs et joueurs d'échecs*, Paris, 1894.

10. Taine, *De l'intelligence*, Paris, 1870, t. I, pp. 81 ss.

saltar: a imagem do tabuleiro com suas peças não se apresenta à memória fielmente, "como num espelho", e sim exige a todo momento, da parte do jogador, um esforço de reconstituição. Qual é esse esforço? Quais são os elementos efetivamente presentes na memória? Foi aqui que a enquete deu resultados inesperados. Os jogadores consultados coincidem primeiro em declarar que a visão mental das peças propriamente ditas lhes seria mais prejudicial do que útil: o que eles retêm e se representam de cada peça não é seu aspecto externo, e sim seu poder, seu alcance e seu valor – enfim, sua função. Um bispo não é um pedaço de madeira de forma menos ou mais bizarra: é uma "força oblíqua". A torre é um poder de "andar em linha reta", o cavalo é "uma peça que equivale aproximadamente a três peões e se move seguindo uma lei muito particular" etc. Isso quanto às peças. Agora quanto à partida. O que está presente no espírito do jogador é uma composição de forças, ou melhor, uma relação entre poderes aliados ou hostis. O jogador refaz mentalmente a história da partida desde o início. Reconstitui os eventos sucessivos que causaram a situação atual. Obtém assim uma representação do todo que lhe permite, num momento qualquer, visualizar os elementos. Essa representação abstrata, aliás, é *una*. Implica numa interpenetração recíproca de todos os elementos. Prova disso é que cada partida aparece para o jogador com uma fisionomia que lhe é própria. Causa-lhe uma impressão *sui generis*. "Capto-a como um músico capta globalmente um acorde", diz um dos personagens consultados. E é justamente essa diferença de fisionomia que permite memorizar várias partidas sem confundi-las entre si. Portanto, também aqui há um esquema representativo do todo, e esse esquema não é um extrato nem um resumo. É tão completo quanto o será a imagem quando revivida, mas contém em estado de implicação recíproca o que a imagem desenvolverá em partes externas umas às outras.

Analise seu esforço ao evocar com dificuldade uma lembrança simples. Você parte de uma representação em que sente que são dados, um dentro do outro, elementos dinâmicos muito diferentes. Essa implicação recíproca, e consequentemente essa complicação interna, é algo tão necessário, é tanto o essencial da representação esquemática, que, se a imagem a evocar for simples, o esquema poderá ser muito menos simples que ela. Não preciso ir muito longe para encontrar um exemplo disso. Há algum tempo, lançando no papel o plano deste artigo e estabelecendo a lista dos trabalhos a consultar, quis incluir o nome de Prendergast, o autor cujo método intuitivo citei há pouco e cujas publicações havia lido antigamente, entre muitas outras sobre a memória. Mas não conseguia nem encontrar esse nome nem me lembrar da obra em que primeiro o vira citado. Anotei as fases do trabalho com que tentei evocar esse nome recalcitrante. Parti da impressão geral que me ficara dele. Era uma impressão de estranheza, mas não de estranheza indeterminada. Havia como que uma nota dominante de barbárie, de rapina, o sentimento que poderia ter-me causado uma ave de rapina caindo sobre sua presa, comprimindo-a com as garras, levando-a consigo. Agora digo comigo que a palavra *prendre**, que era aproximadamente figurada pelas duas primeiras sílabas do nome procurado, devia contribuir muito para minha impressão; mas

---

* Entre muitos outros sentidos, *tomar, agarrar, apoderar-se de*. [N. da T.]

não sei se essa semelhança teria bastado para determinar uma nuance de sentimento tão precisa; e, vendo com que obstinação o nome "Arbogaste" se apresenta hoje a meu espírito quando penso em "Prendergast", pergunto-me se não havia fundido a ideia geral de *prendre* e o nome Arbogaste: este nome, que me restara da época em que estudava a história romana, evocava em minha memória vagas imagens de barbárie. Entretanto não tenho certeza disso, e tudo que posso afirmar é que a impressão deixada em meu espírito era absolutamente *sui generis* e tendia, através de mil dificuldades, a transformar-se em nome próprio. Sobretudo as letras *d* e *r* eram trazidas de volta à minha memória por essa impressão. Mas não eram trazidas como imagens visuais ou auditivas, ou mesmo como imagens motoras já prontas. Apresentavam-se sobretudo como indicando uma certa *direção de esforço* a seguir para chegar à articulação do nome procurado. Parecia-me, aliás erroneamente, que essas letras deviam ser as primeiras da palavra, justamente porque pareciam mostrar-me um caminho. Dizia comigo que, se experimentasse com elas diversas vogais uma a uma, conseguiria pronunciar a primeira sílaba e assim tomar um impulso que me transportaria até o final da palavra. Esse trabalho acabaria tendo êxito? Não sei, mas ainda não estava muito adiantado quando bruscamente me voltou ao espírito que o nome era citado numa nota do livro de Kay sobre a educação da memória, e que aliás era lá que eu o conhecera. Lá é que prontamente fui buscá-lo. Talvez a súbita revivência da lembrança útil se devesse ao acaso. Mas também talvez o trabalho destinado a converter o esquema em imagem tivesse ultrapassado o objetivo, evocando então, em vez da própria imagem, as circunstâncias que primitivamente a haviam enquadrado.

Nesses exemplos, o esforço de memória parece ter como essência *desenvolver* um esquema, se não simples pelo menos concentrado, em uma imagem com elementos distintos e menos ou mais independentes uns dos outros. Quando deixamos nossa memória vagar ao acaso, sem esforço, as imagens sucedem-se umas às outras, todas situadas num mesmo plano de consciência. Ao contrário, quando nos esforçamos para lembrar, parece que nos concentramos num patamar superior para em seguida descermos progressivamente rumo às imagens a evocar. Se, no primeiro caso, associando imagens com imagens, nos movermos com um movimento que chamaremos, por exemplo, de horizontal, num plano único, será preciso dizer que no segundo caso o movimento é vertical e nos faz passar de um plano para um outro. No primeiro caso, as imagens são homogêneas entre si, mas representativas de objetos diferentes; no segundo caso, um único e mesmo objeto é representado em todos os momentos da operação, mas o é de modos diferentes, por estados intelectuais heterogêneos entre si, ora esquemas ora imagens, com o esquema tendendo para a imagem à medida que o movimento de descida se acentua. Enfim, todos temos o sentimento bem nítido de uma operação que prosseguiria em extensão e superfície num caso, em intensidade e profundidade no outro.

É raro, aliás, que as duas operações se realizem isoladamente e que sejam encontradas em estado puro. A maioria dos atos de evocação compreende simultaneamente uma descida do esquema rumo à imagem e um passeio dentre as próprias imagens. Mas isso equivale a dizer, como indicávamos no início deste estudo, que um ato de memória habitualmente contém em si uma parcela de esforço e uma parcela de automatismo. Penso neste momento numa longa viagem que fiz há muito tempo. Os incidentes daquela viagem voltam-me ao espírito numa ordem qualquer, atraindo mecanicamente uns aos outros. Mas, se faço esforço para rememorar este ou aquele período da viagem, é que vou do todo do período para as partes que o compõem, o todo me aparecendo inicialmente como um esquema indiviso, com uma certa coloração afetiva. Frequentemente, aliás, as imagens, depois de simplesmente brincarem umas com as outras, pedem-me que recorra ao esquema para completá-las. Mas é no trajeto do esquema para a imagem que tenho o sentimento do esforço.

Vamos concluir por enquanto que *o esforço de evocação consiste em converter uma representação esquemática, cujos elementos se interpenetram, numa representação imagética cujas partes se justapõem.*

Seria preciso agora estudar o esforço de intelecção em geral, aquele que fazemos para compreender e para interpretar. Vou limitar-me aqui a indicações, remetendo para o restante a um trabalho anterior[11].

Como o ato de intelecção se realiza incessantemente, é difícil dizer aqui onde começa e onde termina o esforço intelectual. Entretanto, há uma certa maneira de compreender e interpretar que exclui o esforço, e há uma outra que, sem implicá-lo necessariamente, geralmente é observável quando ele se produz.

A intelecção do primeiro tipo é aquela que consiste, dada uma percepção menos ou mais complexa, em responder automaticamente a ela com um ato apropriado. O que é reconhecer um objeto usual senão saber servir-

---

11. *Matière et Mémoire*, pp. 89-141.

se dele? e o que é "saber servir-se dele" senão esboçar maquinalmente, quando é percebido, a ação que o hábito associou a essa percepção? Sabe-se que os primeiros observadores haviam dado o nome de *apraxia* à cegueira psíquica, expressando com isso que a inaptidão para reconhecer os objetos usuais é sobretudo uma incapacidade de utilizá-los[12]. Aliás, essa intelecção totalmente automática estende-se muito mais longe do que se imagina. A conversação corrente compõe-se em grande parte de respostas estereotipadas para perguntas banais, com a resposta sucedendo-se à pergunta sem que a inteligência se interesse pelo sentido de uma ou da outra. É assim que pessoas dementes manterão uma conversa mais ou menos coerente sobre um assunto simples, embora já não saibam o que estão dizendo[13]. Isso foi observado muitas vezes: podemos ligar palavras com palavras pautando-nos pela compatibilidade ou incompatibilidade musicais, por assim dizer, dos sons entre si, e compor dessa forma frases que se ajustam, sem que a inteligência propriamente dita interfira. Nesses exemplos, a interpretação das sensações faz-se imediatamente por movimentos. O espírito permanece, como dizíamos, num único e mesmo "plano de consciência".

Muito diferente é a intelecção autêntica. Consiste num movimento do espírito que vai e vem entre as percepções ou as imagens, por um lado, e sua *significação*,

---

12. Kussmaul, *Les troubles de la parole*, Paris, 1884, p. 233; Allen Starr, Aprazia and Aphasia, *Medical Record*, outubro de 1888. – Cf. Laquer, *Neurolog. Centralblatt*, junho de 1888; Nodet, *Les agnoscies*, Paris, 1899; e Claparède, "Revue générale sur l'agnosie", *Année psychologique*, VI, 1900, pp. 85 ss.

13. Robertson, "Reflex Speech", *Journal of Mental Science*, abril de 1888; Féré, "Le langage reflexe", *Revue philosophique*, janeiro de 1896.

pelo outro. Qual é a direção essencial desse movimento? Seria de crer que partimos aqui das imagens para remontar à sua significação, visto que são imagens que são dadas inicialmente e que "compreender" consiste, em suma, em interpretar percepções ou imagens. Quer se trate de acompanhar uma demonstração, de ler um livro, de ouvir um discurso, sempre são percepções ou imagens que são apresentadas à inteligência para que as traduza em relações, como se ela devesse ir do concreto para o abstrato. Mas isso é apenas uma aparência, e é fácil ver que na realidade o espírito faz o inverso no trabalho de interpretação.

Isso é evidente quando se trata de uma operação matemática. Acaso podemos acompanhar um cálculo se nós mesmos não o refizermos? Compreendemos a solução de um problema sem resolvê-lo por nossa vez? O cálculo está escrito na lousa, a solução está impressa num livro ou é exposta de viva voz; mas os algarismos que vemos são apenas marcos de sinalização aos quais nos reportamos para nos assegurar de que não estamos no caminho errado; as frases que lemos ou ouvimos só têm para nós um sentido completo quando somos capazes de reencontrá-las por nós mesmos, de criá-las novamente, por assim dizer, tirando de nosso próprio fundo a expressão da verdade matemática que elas ensinam. Ao longo da demonstração vista ou ouvida havíamos colhido algumas sugestões, escolhido pontos de referência. Dessas imagens visuais ou auditivas havíamos saltado para representações abstratas de relação. Partindo então dessas representações, desenrolamo-las em palavras imaginadas que vêm encontrar e recobrir as palavras lidas ou ouvidas.

Mas não acontece o mesmo em todo trabalho de interpretação? Às vezes argumenta-se como se ler e escutar consistissem em apoiar-se nas palavras vistas ou ouvidas para elevar-se de cada uma delas à ideia correspondente e em seguida justapor essas diversas ideias entre si. O estudo experimental da leitura e da audição das palavras mostra-nos que as coisas se passam de modo muito diferente. Em primeiro lugar, o que vemos de uma palavra na leitura corrente reduz-se a pouquíssima coisa: algumas letras – menos que isso, algumas hastes ou traços característicos. As experiências de Cattell, de Goldscheider e Müller, de Pillsbury (criticadas, é bem verdade, por Erdmann e Dodge) parecem conclusivas sobre esse ponto. Não menos instrutivas são as de Bagley sobre a audição da fala: elas estabelecem com precisão que ouvimos apenas uma parte das palavras pronunciadas. Mas, independentemente de qualquer experiência científica, todos já pudemos constatar que é impossível perceber distintamente as palavras de uma língua que não conhecemos. A verdade é que, nesse caso, a visão e a audição brutas se limitam a fornecer-nos pontos de referência, ou melhor, a traçar-nos uma moldura, que preenchemos com nossas lembranças. Seria enganar-se extremamente aqui sobre o mecanismo do reconhecimento acreditar que começamos por ver e ouvir e que em seguida, uma vez constituída a percepção, aproximamo-la de uma lembrança semelhante para reconhecê-la. Na verdade, é a lembrança que nos faz ver e ouvir, e a percepção seria incapaz, por si só, de evocar a lembrança que se assemelha a ela, visto que para isso seria preciso que já tivesse tomado forma e estivesse suficientemente completa; ora, ela só se torna percepção completa e só adquire uma forma distinta graças justamente à lembrança, que se insinua nela e lhe fornece a maior parte de sua matéria. Mas, se é assim, é preciso que seja o *sen-*

tido, antes de tudo, que nos guie na reconstituição das formas e dos sons. O que vemos da frase lida, o que ouvimos da frase pronunciada é tão somente o necessário para colocar-nos na ordem de ideias correspondente; então, partindo das ideias, ou seja, das relações abstratas, materializamo-las imaginativamente em palavras hipotéticas que procuram colocar-se sobre o que vemos e ouvimos. Portanto a interpretação é na realidade uma reconstrução. Um primeiro contato com a imagem imprime ao pensamento abstrato sua direção. Em seguida ele se desenvolve em imagens representadas, que por sua vez tomam contato com as imagens percebidas, seguem-lhes o rastro, esforçam-se por recobri-las. Quando a superposição fica perfeita, a percepção é completamente interpretada.

Quando ouvimos falar nossa própria língua, esse trabalho de interpretação é fácil demais para que tenhamos tempo de decompô-lo em suas diversas fases. Mas temos nítida consciência dele quando conversamos numa língua estrangeira que conhecemos imperfeitamente. Então nos damos conta de que os sons distintamente ouvidos nos servem de pontos de referência, de que nos colocamos de imediato numa ordem de representações menos ou mais abstratas, sugerida pelo que nosso ouvido ouve, e de que, uma vez adotado esse *tom* intelectual, caminhamos, com o sentido concebido, ao encontro dos sons percebidos. Para que a interpretação seja exata é preciso que a junção se opere.

Como conceber, aliás, que a interpretação fosse possível se realmente avançássemos das palavras para as ideias? As palavras de uma frase não têm um sentido absoluto. Cada uma delas adota uma nuance de significação específica do que a precede e do que a segue. Nem todas as palavras de uma frase são capazes, tampouco, de evocar uma imagem ou uma ideia independentes. Muitas delas expressam relações, e expressam-nas apenas por seu lugar no conjunto e por sua ligação com as outras palavras da frase. Uma inteligência que fosse incessantemente da palavra para a ideia estaria sempre enredada e, por assim dizer, errante. A intelecção só pode ser franca e segura se partirmos do sentido suposto, reconstruído hipoteticamente, se descermos dele para os fragmentos de palavras realmente percebidos, se nos orientarmos continuamente por eles e os utilizarmos como simples marcos para desenharem em todas suas sinuosidades a curva especial da estrada que a inteligência seguirá.

Não posso abordar aqui o problema da atenção sensorial. Mas creio que a atenção voluntária, aquela que é acompanhada ou que pode ser acompanhada de um sentimento de esforço, difere precisamente aqui da atenção maquinal porque põe em ação elementos psicológicos situados em planos de consciência diferentes. Na atenção que prestamos maquinalmente, há movimentos e atitudes favoráveis à percepção distinta, que respondem ao apelo da percepção confusa. Mas não parece que possa haver atenção voluntária sem uma "pré-percepção", como dizia Lewes[14], isto é, sem uma representação que seja ora uma imagem antecipada, ora algo mais abstrato – uma hipótese referente à significação do que se vai perceber e à relação provável dessa percepção com certos elementos de experiência passada. Tem-se discutido sobre o verdadeiro sentido das oscilações da atenção. Uns atribuem ao fenômeno uma origem central, ou-

---

14. Lewes, *Problems of Life and Mind*, Londres, 1879, t. III, p. 106.

tros uma origem periférica. Mas, mesmo não se aceitando a primeira tese, realmente parece que se deva conservar dela alguma coisa e admitir que a atenção comporta uma certa projeção excêntrica de imagens que descem rumo à percepção. Assim se explicaria o efeito da atenção – ou intensificar a imagem, como sustentam alguns autores, ou pelo menos torná-la mais clara e mais distinta. Como compreender o *enriquecimento* gradual da percepção pela atenção se aqui a percepção bruta fosse algo além de um simples meio de sugestão, um apelo, lançado sobretudo para a memória? A percepção bruta de certas partes sugere uma representação esquemática do conjunto e, com isso, das relações das partes entre si. Desenvolvendo esse esquema em imagens-lembranças, procuramos fazer essas imagens-lembranças coincidirem com as imagens percebidas. Se não o conseguirmos, é para uma outra representação esquemática que nos transportamos. E sempre a parte positiva, útil, desse trabalho consiste em caminhar do esquema para a imagem percebida.

Portanto, o esforço intelectual para interpretar, compreender, prestar atenção é um movimento do "esquema dinâmico" na direção da imagem que o desenvolve. É uma transformação contínua de relações abstratas, sugeridas pelos objetos percebidos, em imagens concretas, capazes de recobrir esses objetos. Sem dúvida o sentimento do esforço nem sempre se produz nessa operação. Daqui a pouco se verá qual condição particular a operação atende quando o esforço se junta a ela. Mas é apenas durante um desenvolvimento desse tipo que temos consciência de um esforço intelectual. *O sentimento do esforço de intelecção produz-se no trajeto do esquema para a imagem.*

Restaria verificar essa lei nas mais altas formas do esforço intelectual: refiro-me ao esforço de invenção. Como observou Ribot, criar imaginativamente é resolver um problema[15]. Ora, como resolver um problema a não ser primeiro supondo-o resolvido? A pessoa representa-se um ideal, diz Ribot, ou seja, um certo efeito obtido, e então busca a composição de elementos pela qual esse efeito será obtido. Transporta-se de um salto para o resultado completo, para o fim que trata de realizar: todo o esforço de invenção é então uma tentativa para preencher o intervalo por sobre o qual ela saltou e chegar novamente a esse mesmo fim, agora seguindo o fio contínuo dos meios que o realizariam. Mas como perceber aqui o fim sem os meios, o todo sem as partes? Não pode ser em forma de imagem, pois uma imagem que nos fizesse ver o efeito se realizando nos mostraria, interiores a essa própria imagem, os meios pelos quais o efeito se realiza. Portanto, somos forçados a admitir que o todo se apresenta como um esquema e que a invenção consiste precisamente em converter o esquema em imagem.

O inventor que quer construir certa máquina representa-se o trabalho a ser obtido. A forma abstrata desse trabalho evoca sucessivamente em seu espírito, à custa de tateios e experiências, a forma concreta dos diversos movimentos componentes que realizariam o movimento total, depois as das peças e das combinações de peças capazes de produzir esses movimentos parciais. Nesse preciso momento a invenção tomou corpo: a representação esquemática tornou-se uma representação imagética. O escritor que faz um romance, o autor dramático que cria personagens e situações, o músico que compõe

---

15. Ribot, *L'imagination créatrice*, Paris, 1900, p. 130.

uma sinfonia e o poeta que compõe uma ode, todos têm primeiro no espírito algo simples e abstrato, ou seja, incorpóreo. Para o músico ou o poeta, é uma impressão nova a ser desdobrada em sons ou em imagens. Para o romancista ou o dramaturgo, é uma tese a ser desenvolvida em acontecimentos, um sentimento individual ou social a ser materializado em personagens vivos. Trabalham sobre um esquema do todo, e o resultado é obtido quando chegam a uma imagem distinta dos elementos. Paulhan demonstrou com exemplos muito interessantes como a invenção literária e poética vai assim "do abstrato para o concreto", ou seja, em suma, do todo para as partes e do esquema para a imagem[16].

O esquema, aliás, está longe de permanecer imutável ao longo da operação. É modificado pelas mesmas imagens com que procura preencher-se. Às vezes, na imagem definitiva não resta mais nada do esquema primitivo. À medida que realiza os detalhes de sua máquina, o inventor vai desistindo de uma parte daquilo que queria obter dela, ou obtém outra coisa. E, da mesma forma, os personagens criados pelo romancista e pelo poeta reagem à ideia ou ao sentimento que estão destinados a expressar. Essa é sobretudo a parcela do imprevisto; está, pode-se dizer, no movimento pelo qual a imagem se volta para o esquema a fim de modificá-lo ou fazê-lo desaparecer. Mas o esforço propriamente dito está no trajeto do esquema, invariável ou mutável, para as imagens que devem preenchê-lo.

O esquema está longe também de sempre preceder explicitamente a imagem. Ribot mostrou que é preciso distinguir duas formas de imaginação criadora, uma in-

---

16. Paulhan, *Psychologie de l'invention*, Paris, 1901, cap. IV.

tuitiva e a outra, reflexiva. "A primeira vai da unidade para os detalhes..., a segunda caminha dos detalhes para a unidade vagamente divisada. Começa por um fragmento que serve de arranque e vai se completando pouco a pouco... Kepler dedicou uma parte de sua vida a testar hipóteses bizarras, até o dia em que, tendo descoberto a órbita elíptica de Marte, todo seu trabalho anterior tomou forma e organizou-se em sistema."[17] Em outras palavras, em vez de um esquema único, com formas imóveis e rígidas, que de imediato é distintamente concebido, pode haver um esquema elástico ou movente, cujos contornos o espírito se recusa a definir, porque espera sua decisão das próprias imagens que o esquema deve atrair para tomar corpo. Mas, quer o esquema seja fixo ou móvel, é durante seu desenvolvimento em imagens que surge o sentimento de esforço intelectual.

Aproximando essas conclusões das anteriores, chegaríamos a uma fórmula do trabalho intelectual, ou seja, do movimento do espírito que pode, em certos casos, ser acompanhado de um sentimento de esforço: *Trabalhar intelectualmente consiste em conduzir uma mesma representação ao longo de planos de consciência diferentes, numa direção que vai do abstrato para o concreto, do esquema para a imagem.* Resta saber em que casos especiais esse movimento do espírito (que talvez envolva sempre um sentimento de esforço, mas frequentemente leve demais ou familiar demais para ser claramente percebido) nos dá nítida consciência de um esforço intelectual.

A essa questão o simples bom senso responde que há esforço, além do trabalho, quando o trabalho é difícil.

---

17. Ribot, *op. cit.*, p. 133.

Mas por qual indício se reconhece a dificuldade do trabalho? Por o trabalho "não andar sozinho", por sofrer uma dificuldade ou encontrar um obstáculo e finalmente por levar mais tempo do que o desejado para atingir o objetivo. Quem diz esforço diz desaceleração e demora. Por outro lado, a pessoa poderia instalar-se no esquema e esperar indefinidamente a imagem, poderia desacelerar indefinidamente o trabalho, sem com isso conscientizar-se de um esforço. Portanto, é preciso que o tempo de espera seja *preenchido* de uma certa maneira, isto é, que nele se suceda uma diversidade muito particular de estados. Quais são esses estados? Sabemos que há aqui movimento do esquema para as imagens e que o espírito trabalha apenas na conversão do esquema em imagens. Portanto, os estados pelos quais ele passa correspondem ao mesmo número de tentativas das imagens para inserir-se no esquema, ou ainda, pelo menos em certos casos, ao mesmo número de modificações aceitas pelo esquema para obter a tradução em imagens. Nessa hesitação muito especial deve estar a característica do esforço intelectual.

O melhor que posso fazer é retomar aqui, adaptando-a às considerações que acabam de ser lidas, uma ideia interessante e profunda exposta por Dewey em seu estudo sobre a psicologia do esforço[18]. Segundo Dewey, haveria esforço sempre que fazemos hábitos adquiridos servirem para a aprendizagem de um exercício novo. Mais particularmente, caso se trate de um exercício físico, só podemos aprendê-lo utilizando ou modificando certos movimentos aos quais já estamos acostumados.

---

18. Dewey, "The Psychology of Effort", *Philosophical Review*, janeiro de 1897.

Mas o hábito antigo está ali: ele resiste ao novo hábito que queremos adquirir por seu intermédio. O esforço simplesmente manifestaria essa luta de dois hábitos ao mesmo tempo diferentes e semelhantes.

Expressemos essa ideia em função de esquemas e de imagens; apliquemo-la com essa nova forma ao esforço corporal, aquele de que o autor se ocupou principalmente; e vejamos se o esforço corporal e o esforço intelectual não se esclareceriam mutuamente aqui.

Como procedemos para aprender sozinhos um exercício complexo, como a dança? Começamos olhando dançar. Obtemos assim uma percepção visual do movimento da valsa, caso se trate de valsa. Confiamos essa percepção à nossa memória; e a partir daí nosso objetivo será obter de nossas pernas movimentos que deem aos nossos olhos uma impressão semelhante à que nossa memória havia guardado. Mas qual era essa impressão? Diremos que é uma imagem nítida, definitiva, perfeita do movimento da valsa? Falar assim seria admitir que se possa perceber exatamente o movimento da valsa quando não se sabe valsar. Ora, é evidente que, se para aprender essa dança é preciso começar vendo-a em execução, inversamente uma pessoa só a vê bem, em seus detalhes e mesmo em seu conjunto, quando já tem algum hábito de dançá-la. Portanto, a imagem de que vamos servir-nos não é uma imagem visual definitiva: não é uma imagem definitiva, visto que vai variar e precisar-se no decorrer da aprendizagem que está encarregada de dirigir; e tampouco é totalmente uma imagem visual, pois, se vai aperfeiçoando-se no decorrer da aprendizagem – isto é, à medida que adquirimos as imagens motoras apropriadas –, é porque essas imagens motoras, evocadas por ela porém mais precisas do que ela, invadem-na e mesmo tendem a suplantá-la. Na verdade, a parte útil dessa representação não é nem puramente visual nem puramente motora; é ambas ao mesmo tempo, estando o desenho de *relações*, principalmente temporais, entre as partes sucessivas do movimento a ser executado. Uma representação desse tipo, em que são figuradas sobretudo relações, parece muito com o que chamávamos de esquema.

Contudo, só começaremos a saber dançar no dia em que esse esquema, supostamente completo, tiver obtido de nosso corpo os movimentos sucessivos cujo modelo ele propõe. Em outras palavras, o esquema, representação cada vez mais abstrata do movimento a ser executado, deverá preencher-se com todas as sensações motoras que correspondem ao movimento executando-se. Ele só pode fazer isso evocando uma a uma as representações dessas sensações ou, para falar como Bastian, as "imagens cinestésicas" dos movimentos parciais, elementares, que compõem o movimento total: à medida que se reavivam, essas lembranças de sensações motoras vão se convertendo em sensações motoras reais e consequentemente em movimentos executados. Mas é necessário que possuamos essas imagens motoras. Isso significa que, para adquirir o hábito de um movimento complexo como o da valsa, é preciso já ter o hábito dos movimentos elementares nos quais a valsa se decompõe. De fato, é fácil ver que os movimentos a que procedemos habitualmente para caminhar, para nos apoiarmos na ponta dos pés, para girar sobre nós mesmos são os que utilizamos para aprender a valsar. Mas não os utilizamos como sempre. É preciso modificá-los menos ou mais, desviar cada um deles na direção do movimento geral da valsa, sobretudo combiná-los entre si de um modo novo. Portanto há, de um lado, a representação esquemática do movimento total e novo e, do outro, as imagens cinestésicas de movimentos antigos, idênticos ou análogos aos movimentos elementares nos quais o movimento total foi analisado. A aprendizagem da valsa consistirá em obter dessas imagens cinestésicas diversas, já antigas, uma nova sistematização que lhes permita inserirem-se juntas no esquema. Trata-se, também aqui, de desenvolver um esquema em imagens. Mas o antigo agrupamento luta contra o agrupamento novo. O hábito de andar, por exemplo, contraria a tentativa de dançar. A imagem cinestésica total da marcha impede-nos de constituir imediatamente, com as imagens cinestésicas elementares da marcha e estas ou aquelas outras, a imagem cinestésica total da dança. O esquema da dança não consegue já no primeiro momento preencher-se com as imagens apropriadas. Essa demora causada pela necessidade em que se encontra o esquema de levar gradualmente as imagens múltiplas elementares a um novo *modus vivendi* entre elas, ocasionada também, em muitos casos, por modificações feitas no esquema para torná-lo desenvolvível em imagens – essa demora *sui generis* que é feita de tateios, de tentativas menos ou mais frutíferas, de adaptações das imagens ao esquema e do esquema às imagens, de interferências ou superposições das imagens entre si – acaso essa demora não mede o intervalo entre a tentativa árdua e a execução fácil, entre a aprendizagem de um exercício e o próprio exercício?

Ora, é fácil ver que as coisas se passam do mesmo modo em todo esforço para aprender e para compreender – resumindo, em todo esforço intelectual. Trata-se do esforço de memória? Já mostramos que ele se produz na transição do esquema para a imagem. Mas há casos em que o desenvolvimento do esquema em imagem é imediato, porque uma única imagem se apresenta para cumprir essa função. E há outros casos em que imagens múltiplas, análogas entre si, se apresentam concorrentemente. Em geral, quando várias imagens diferentes se candidatam é porque nenhuma atende inteiramente às condições do esquema. E é por isso que, nesse caso, o próprio esquema pode ter de modificar-se para obter o desenvolvimento em imagens. Assim, quando quero me lembrar de um nome próprio, dirijo-me primeiro à impressão geral que guardei dele; e é ela que desempenhará o papel de "esquema dinâmico". Prontamente, diversas imagens elementares, correspondentes, por exemplo, a certas letras do alfabeto, apresentam-se a meu espírito. Essas letras procuram juntar-se ou então substituir umas às outras, de qualquer modo procuram organizar-se de acordo com as indicações do esquema. Mas frequentemente, no decorrer desse trabalho, revela-se a impossibilidade de chegar a uma forma de organização viável. Daí uma modificação gradual do esquema, exigida pelas próprias imagens que ele suscitou e que apesar disso podem muito bem ter de transformar-se ou mesmo de desaparecerem por sua vez. Mas, quer as imagens se ordenem simplesmente entre si, quer esquema e imagens tenham de fazer concessões recíprocas, sempre o esforço de evocação implica um afastamento, seguido de uma aproximação gradual, entre o esquema e as imagens. Quanto mais idas e vindas, oscilações, lutas e negociações essa aproximação exigir, mais se acentua o sentimento de esforço.

Em parte alguma esse jogo é tão visível quanto no esforço de invenção. Aqui temos o sentimento nítido de uma forma de organização, variável sem dúvida, mas anterior aos elementos que devem organizar-se; depois, de uma concorrência entre os próprios elementos; e por fim, se a invenção resultar bem, de um equilíbrio que é uma adaptação recíproca entre a forma e a matéria. O esquema varia de período para período; mas em cada um dos períodos permanece relativamente fixo e cabe às imagens ajustarem-se a ele. É como esticar uma rodela de borracha em diversos sentidos ao mesmo tempo, a fim de fazê-la tomar a forma geométrica de determinado polígono. Em geral, a borracha contrai-se em certos pontos à medida que se alonga em outros. É preciso recomeçar, fixar cada vez o resultado obtido; e ainda, durante essa operação, pode ser preciso modificar a forma inicialmente determinada para o polígono. O mesmo acontece no esforço de invenção, quer ele ocupe alguns segundos ou exija anos.

Agora, esse vaivém entre o esquema e as imagens, esse jogo das imagens compondo-se ou lutando entre si para entrar no esquema, enfim esse movimento *sui generis* de representação é parte integrante do *sentimento* que temos do esforço? Se ele está presente sempre que temos o sentimento de esforço intelectual, se está ausente quando esse sentimento falta, pode-se admitir que nada tenha a ver com o sentimento em si? Mas, por outro lado, como um jogo de representações, um movimento de ideias, poderia entrar na composição de um sentimento? A psicologia contemporânea tende a converter em sensações periféricas tudo o que há de afetivo na afeição. E, mesmo que não se vá tão longe, parece de fato que a afeição seja irredutível à representação. Entre a nuance afetiva que colore todo esforço intelectual e o jogo muito particular de representações que a análise descobre nele, qual é então exatamente a relação?

Não colocaremos a menor dificuldade para reconhecer que, na atenção, na reflexão, no esforço intelectual em geral, a afeição sentida pode converter-se em sensações periféricas. Mas daí não se seguiria que o próprio "jogo de representações" apontado por nós como característico do esforço intelectual não se faça sentir nessa afeição. Bastaria admitir que o jogo de sensações responde ao jogo de representações e lhe faz eco, por assim dizer, num outro tom. Isso é ainda mais fácil de compreender porque na realidade não se trata aqui de uma representação, e sim de um *movimento de representações*, de uma luta ou uma interferência de representações entre elas. Concebe-se que essas oscilações mentais tenham seus harmônicos sensoriais. Concebe-se que essa indecisão da inteligência se prolongue numa *inquietude* do corpo. As sensações características do esforço intelectual expressariam justamente essa suspensão e essa inquietude. De modo geral, não se poderia dizer que as sensações periféricas que a análise descobre numa emoção são sempre menos ou mais simbólicas das representações às quais essa emoção está ligada e das quais deriva? Temos uma tendência para *encenar* exteriormente nossos pensamentos, e a consciência que temos dessa interpretação se realizando reverte, por uma espécie de ricochete, para o próprio pensamento. Daí a emoção, que habitualmente tem como centro uma representação, mas em que sobretudo estão visíveis as sensações nas quais essa representação se prolonga. Aliás, sensações e representação estão aqui numa continuidade tão perfeita que não se saberia dizer onde termina uma, onde começam as outras. E é por isso que a consciência, colocando-se no meio e fazendo uma média, erige o sentimento em estado *sui generis*, intermediário entre a sensação e a representação. Mas limitamo-nos a indicar esse ponto de vista sem nos determos nele. O problema que colocamos aqui não pode ser resolvido de modo satisfatório no estado atual da ciência psicológica.

Resta-nos, para concluir, mostrar que essa concepção do esforço mental explica os principais efeitos do trabalho intelectual e ao mesmo tempo é a que mais se aproxima da constatação pura e simples dos fatos, a que menos se parece com uma *teoria*.

Todos reconhecem que o esforço dá à representação uma clareza e uma distinção superiores. Ora, uma representação é tanto mais clara quanto maior é o número de detalhes que nela se notam, e é tanto mais distinta quanto melhor é isolada e diferenciada de todas as outras. Mas, se o esforço mental consiste numa série de ações e reações entre um esquema e imagens, compreende-se que esse movimento interior resulte, por um lado, em isolar melhor a representação e, por outro, em encorpá-la mais. A representação isola-se de todas as outras porque o esquema organizador rejeita as imagens que não são capazes de desenvolvê-lo e assim confere uma individualidade real ao conteúdo atual da consciência. E, por outro lado, ela se preenche com um número cada vez maior de detalhes porque o desenvolvimento do esquema se faz pela absorção de todas as lembranças e de todas as imagens que esse esquema pode assimilar. Assim, no esforço intelectual relativamente simples que é a atenção dada a uma percepção, parece de fato, como dizíamos, que a percepção bruta começa sugerindo uma hipótese destinada a interpretá-la e então esse esquema atrai para si lembranças múltiplas que tenta fazer coincidirem com estas ou aquelas partes da própria percepção. A percepção enriquecerá com todos os detalhes evocados pela memória das imagens, ao passo que se distinguirá das outras percepções pela etiqueta simples que o esquema terá começado, digamos assim, por colar nela.

Afirmou-se que a atenção é um estado de monoideísmo[19]. E, por outro lado, observou-se que a riqueza de um estado mental é proporcional ao esforço que ele atesta. Esses dois pontos de vista são facilmente conciliáveis. Em todo esforço intelectual há uma multiplicidade visível ou latente de imagens que se pressionam e se precipitam para entrar num esquema. Mas, como o esquema é relativamente uno e invariável, as imagens múltiplas que aspiram a preenchê-lo são ou análogas entre si ou coordenadas umas com as outras. Portanto, só há esforço mental quando há elementos intelectuais em vias de organização. Nesse sentido, todo esforço mental é realmente uma tendência ao monoideísmo. Mas a unidade rumo à qual o espírito caminha então não é uma unidade abstrata, seca e vazia. É a unidade de uma "ideia diretriz" comum a um grande número de elementos organizados. É a própria unidade da vida.

De um mal-entendido sobre a natureza dessa unidade surgiram as principais dificuldades que a questão do esforço intelectual suscita. Não há dúvida de que esse esforço "concentre" o espírito e o faça ter como objeto uma representação "única". Mas o fato de uma representação ser *una* não significa que seja uma representação *simples*. Ao contrário, pode ser complexa, e já mostramos que sempre há complexidade quando o espírito faz esforço, que essa é mesmo a característica do esforço inte-

---

19. Ribot, *Psychologie de l'attention*, Paris, 1889, p. 6.

lectual. Foi por isso que acreditamos poder explicar o esforço da inteligência sem sair da própria inteligência, por uma certa composição ou uma certa interferência dos elementos intelectuais entre si. Se, ao contrário, confundir-se aqui unidade e simplicidade, imaginar-se que o esforço intelectual pode ter como objeto uma representação simples e conservá-la simples, como se distinguirá uma representação quando é laboriosa dessa mesma representação quando é fácil? Em que o estado de tensão diferirá do estado de relaxamento intelectual? Será preciso buscar a diferença fora da própria representação. Será preciso fazê-la residir ou no acompanhamento afetivo da representação ou na intervenção de uma "força" exterior à inteligência. Mas nem esse acompanhamento afetivo nem esse indefinível suplemento de força explicarão em que e por que o esforço intelectual é eficaz. Quando chegar o momento de explicar a eficácia, será preciso afastar tudo o que não for representação, colocar-se diante da própria representação, procurar uma diferença *interna* entre a representação puramente passiva e a mesma representação acompanhada de esforço. E então se perceberá necessariamente que essa representação é um composto e que os elementos da representação não têm, nos dois casos, a mesma relação entre si. Mas, se a contextura interna difere, por que ir procurar em outra parte que não nessa diferença a característica do esforço intelectual? Visto que será preciso sempre acabar reconhecendo essa diferença, por que não começar por aí? E se, no esforço intelectual, o movimento interno dos elementos da representação explica tanto o que tal esforço tem de laborioso como o que tem de eficaz, como não ver nesse movimento a própria essência do esforço intelectual?

Dirão que assim postulamos a dualidade do *esquema* e da *imagem*, e ao mesmo tempo uma *ação* de um desses elementos sobre o outro?

Mas, primeiramente, o esquema de que falamos nada tem de misterioso nem mesmo de hipotético; tampouco nada tem que possa ir contra as tendências de uma psicologia habituada, se não a converter em imagens todas nossas representações, pelo menos a definir toda representação em relação com imagens, reais ou possíveis. É de fato em função de imagens reais ou possíveis que se define o esquema mental como o consideramos em todo este estudo. Consiste numa *espera* de imagens, numa atitude intelectual destinada ora a preparar a chegada de uma certa imagem precisa, como no caso da memória, ora a organizar um jogo menos ou mais prolongado entre as imagens capazes de virem inserir-se nele, como no caso da imaginação criadora. É, no estado aberto, o que a imagem é no estado fechado. Apresenta em termos de *devir*, dinamicamente, o que as imagens nos dão como *já pronto*, em estado estático. Presente e atuando no trabalho de evocação das imagens, ele se desvanece e desaparece atrás das imagens evocadas, tendo concluído sua obra. A imagem com contornos definitivos desenha o que foi. Uma inteligência que operasse apenas com imagens desse gênero só poderia recomeçar seu passado identicamente, ou tomar dele os elementos fixos para recompô-los numa outra ordem, por um trabalho de mosaico. Mas para uma inteligência flexível, capaz de utilizar sua experiência passada recurvando-a de acordo com as linhas do presente, é preciso, ao lado da imagem, uma representação de ordem diferente, sempre capaz de realizar-se em imagens mas sempre distinta delas. O esquema não é outra coisa.

Portanto, a existência desse esquema é um fato e, ao contrário, a redução de toda representação a imagens sólidas, calcadas no modelo dos objetos externos, é que seria uma hipótese. Acrescentemos que em parte alguma essa hipótese manifesta tão claramente sua insuficiência quanto na questão atual. Se as imagens constituem o todo de nossa vida mental, como o estado de concentração do espírito poderá diferenciar-se do estado de dispersão intelectual? Será preciso supor que em certos casos elas se sucedem sem intenção conjunta e que em outros casos, por uma sorte inexplicável, todas as imagens simultâneas e sucessivas se agrupam de modo a dar a solução cada vez mais aproximada de um único e mesmo problema. Dirão que não se trata de sorte, que a semelhança das imagens é que as faz atraírem-se umas às outras, mecanicamente, segundo a lei geral de associação? Mas, no caso do esforço intelectual, as imagens que se sucedem podem justamente não ter entre si nenhuma similitude externa: sua semelhança é totalmente interna; é uma identidade de significação, uma mesma capacidade de resolver um certo problema com relação ao qual ocupam posições análogas ou complementares, a despeito de suas diferenças de forma concreta. Portanto, é realmente necessário que o problema seja representado no espírito e que não o seja em forma de imagem. Como imagem, evocaria imagens que se assemelhassem a ele e que se assemelhassem entre si. Mas, visto que, ao contrário, seu papel é atrair e agrupar imagens de acordo com o poder que tenham para resolver a dificuldade, ele deve levar em conta esse poder das imagens e não sua forma exterior e aparente. Portanto, é realmente um modo de representação distinto da representação imagética, embora só possa definir-se com relação a ela.

Inutilmente nos objetarão a dificuldade de conceber a ação do esquema sobre as imagens. Acaso a ação da imagem sobre a imagem é mais clara? Quando dizem que as imagens se atraem em razão de sua semelhança, vão além da constatação pura e simples do fato? Tudo o que pedimos é que não negligenciem nenhuma parte da experiência. Ao lado da influência da imagem sobre a imagem, há a atração ou a impulsão exercida sobre as imagens pelo esquema. Ao lado do desenvolvimento do espírito num único plano, em superfície, há o movimento do espírito que vai de um plano para um outro plano, em profundidade. Ao lado do mecanismo da associação, há o do esforço mental. As forças que trabalham nos dois casos não diferem simplesmente pela intensidade; diferem pela direção. Quanto a saber *como* elas trabalham, essa questão não é da alçada unicamente da psicologia: relaciona-se com o problema geral e metafísico da causalidade. Acreditamos que entre a impulsão e a atração, entre a causa "eficiente" e a "causa final", há algo intermediário, uma forma de atividade da qual os filósofos tiraram, por meio de empobrecimento e dissociação, passando para os dois limites opostos e extremos, de um lado a ideia de causa eficiente e do outro a de causa final. Essa operação, que é a própria operação da vida, consiste numa passagem gradual do menos realizado para o mais realizado, do intensivo para o extensivo, de uma implicação recíproca das partes para sua justaposição. O esforço intelectual é algo desse gênero. Analisando-o, perseguimos tão de perto quanto pudemos, com o exemplo mais abstrato e portanto também mais simples, essa materialização crescente do imaterial que é característica da atividade vital.

VII. O CÉREBRO E O PENSAMENTO: UMA ILUSÃO FILOSÓFICA[1]

A ideia de uma equivalência entre o estado psíquico e o estado cerebral correspondente permeia boa parte da filosofia moderna. Discutiu-se mais sobre as causas e o significado dessa equivalência do que sobre a própria equivalência. Para uns, ela resultaria de, em certos casos, o estado cerebral duplicar-se numa fosforescência psíquica que ilumina seu desenho. Para outros, ela provém de o estado cerebral e o estado psicológico entrarem respectivamente em duas séries de fenômenos que se correspondem ponto por ponto, sem que seja necessário atribuir à primeira a criação da segunda. Mas tanto uns como outros admitem a equivalência ou, como se diz mais frequentemente, o *paralelismo* das duas séries. Para fixar as ideias, formularemos a tese assim: "Dado um estado cerebral, segue-se um estado psicológico determinado." Ou ainda: "Uma inteligência sobre-humana que

---

1. Comunicação lida no Congresso de Filosofia de Genebra, em 1904, e publicada na *Revue de métaphysique et de morale* com o título "Le paralogisme psychophysiologique".

assistisse à dança dos átomos de que o cérebro humano é feito e tivesse a chave da psicofisiologia poderia ler, num cérebro trabalhando, tudo o que se passa na consciência correspondente." Ou por fim: "A consciência não diz nada a mais do que aquilo que se faz no cérebro; simplesmente o expressa numa outra língua."

Sobre as origens totalmente metafísicas dessa tese, aliás, não há dúvida possível. Ela descende em linha direta do cartesianismo. Implicitamente contida (com muitas restrições, é bem verdade) na filosofia de Descartes, extraída e levada ao extremo por seus sucessores, passou, por intermédio dos médicos filósofos do século XVIII, para a psicofisiologia de nossa época. E é fácil compreender que os fisiologistas a tenham aceitado sem discussão. Em primeiro lugar eles não tinham escolha, visto que o problema lhes vinha da metafísica e os metafísicos não lhes ofereciam outra solução. Em segundo lugar, era do interesse da fisiologia adotá-la e proceder *como se* devesse, algum dia, dar-nos a tradução fisiológica integral da atividade psicológica; apenas com essa condição ela podia ir em frente e levar cada vez mais longe a análise das condições cerebrais do pensamento. Era, e ainda pode ser, um excelente princípio de pesquisa, que indicará que não se deve ter muita pressa em atribuir limites à fisiologia, como tampouco, aliás, a nenhuma outra investigação científica. Mas a afirmação dogmática do paralelismo psicofisiológico é algo totalmente diferente. Já não é regra científica, é uma hipótese metafísica. Na medida em que é inteligível, é a metafísica de uma ciência nos moldes puramente matemáticos, da ciência como era concebida na época de Descartes. Acreditamos que os fatos, examinados sem segunda intenção de mecanismo matemático, já sugerem uma hipótese mais sutil a respeito da correspondência entre o estado psicológico e o estado cerebral. Este exprimiria daquele apenas as *ações* que ali se encontram pré-formadas; desenharia suas articulações motoras. Dado um fato psicológico, determina-se sem dúvida o estado cerebral concomitante. Mas a recíproca não é verdadeira, e ao mesmo estado cerebral corresponderiam igualmente bem estados psicológicos muito diversos. Não retomaremos essa solução que já expusemos num trabalho anterior. Aliás, a demonstração que vamos apresentar é independente dele. Não nos propomos aqui a substituir a hipótese do paralelismo psicofisiológico por alguma outra, e sim a estabelecer que, em sua forma corrente, ela envolve uma contradição fundamental. Essa contradição, aliás, é muito instrutiva. Quem percebê-la claramente percebe também em qual direção deve ser buscada a solução do problema, ao mesmo tempo que descobre o mecanismo de uma das mais sutis ilusões do pensamento metafísico. Portanto, apontando-a não estaremos agindo de modo puramente crítico nem destrutivo.

Afirmamos que a tese baseia-se numa ambiguidade de termos; que ela não pode enunciar-se corretamente sem destruir a si mesma; que a afirmação dogmática do paralelismo psicofisiológico envolve um artifício dialético pelo qual passa sub-repticiamente de um certo sistema de notação para o sistema de notação oposto sem levar em conta a substituição. Esse sofisma – nem precisaria dizer – nada tem de intencional: é sugerido pelos próprios termos da questão apresentada; e é tão natural a nosso espírito que inevitavelmente o cometeremos se não nos obrigarmos a formular a tese do paralelismo, *sucessivamente*, nos dois sistemas de notação de que a filosofia dispõe.

Realmente, quando falamos de objetos externos, podemos optar entre dois sistemas de notação. Podemos tratar tais objetos, e as mudanças que neles se realizam, como *coisas* ou como *representações*. E esses dois sistemas de notação são aceitáveis, contanto que se siga estritamente o que foi escolhido.

Tentemos primeiro distingui-los com precisão. Quando o realismo fala de coisas e o idealismo de representações, não discutem simplesmente sobre palavras: são de fato dois sistemas de notação diferentes, ou seja, duas maneiras diferentes de compreender a análise do real. Para o idealista, não há nada mais na realidade além daquilo que aparece para minha consciência ou para *a* consciência em geral. Seria absurdo falar de uma propriedade da matéria que não pudesse tornar-se objeto de representação. Não há virtualidade, ou pelo menos nada definitivamente virtual nas coisas. Tudo que existe é atual ou poderá tornar-se atual. Em resumo, o idealismo é um sistema de notação que implica que todo o essencial da matéria é mostrado ou mostrável na representação que temos dela, e que as articulações do real são as mesmas de nossa representação. O realismo baseia-se na hipótese inversa. Dizer que a matéria existe independentemente da representação é pretender que sob nossa representação da matéria há uma causa inacessível dessa representação, que por atrás da percepção, que é atualidade, há poderes e virtualidades ocultas: por fim, é afirmar que as divisões e articulações visíveis em nossa representação são puramente relativas à nossa maneira de perceber.

Não duvidamos, aliás, que seja possível dar definições mais profundas das tendências realista e idealista, como são encontradas ao longo da história da filosofia.

Nós mesmos, num trabalho anterior, tomamos as palavras "realismo" e "idealismo" num sentido bastante diferente. Portanto não insistimos nem um pouco nas definições que acabamos de enunciar. Elas caracterizariam sobretudo um idealismo à Berkeley e o realismo que a ele se opõe. Talvez expressem com uma precisão suficiente a ideia que se tem correntemente das duas tendências – a parcela do idealismo estendendo-se tão longe quanto a do representável, o realismo reivindicando o que ultrapassa a representação. Mas a demonstração que vamos esboçar é independente de qualquer concepção histórica do realismo e do idealismo. Aos que contestassem a generalidade de nossas duas definições, pediríamos que vissem nas palavras *realismo* e *idealismo* apenas termos convencionais com que designaremos, ao longo do presente estudo, duas notações do real, uma das quais implica a possibilidade e a outra a impossibilidade de identificar as coisas com a representação, estendida e articulada no espaço, que elas oferecem a uma consciência humana. Todo mundo concordará conosco que os dois postulados se excluem mutuamente e portanto é ilegítimo aplicar ao mesmo tempo os dois sistemas de notação para o mesmo objeto. Ora, não precisamos de mais nada para a presente demonstração.

Propomo-nos a estabelecer os três pontos seguintes: 1º Caso se opte pela notação idealista, a afirmação de um paralelismo (no sentido de equivalência) entre o estado psicológico e o estado cerebral implica contradição; 2º Caso se prefira a notação realista, depara, transposta, com a mesma contradição; 3º A tese do paralelismo só parece sustentável se forem empregados ao mesmo tempo, na mesma proposição, os dois sistemas de notação simultaneamente. Ela só parece inteligível se, por uma inconsciente prestidigitação intelectual, passar-se instantaneamente do realismo para o idealismo e do idealismo para o realismo, aparecendo em um no momento preciso em que se vai ser pego em flagrante delito de contradição no outro. Aliás, aqui somos naturalmente prestidigitadores, porque o problema em pauta, por ser o problema psicofisiológico das relações entre o cérebro e o pensamento, sugere-nos, por sua própria colocação, os dois pontos de vista do realismo e do idealismo, pois o termo "cérebro" nos faz pensar numa *coisa* e o termo "pensamento", em *representação*. Pode-se dizer que o enunciado da questão já contém, em potência, o equívoco com o qual ela será respondida.

Coloquemo-nos primeiramente no ponto de vista idealista e consideremos, por exemplo, a percepção dos objetos que ocupam o campo visual num dado momento. Por intermédio da retina e do nervo óptico, esses objetos agem sobre os centros da visão: provocam uma modificação de seus grupamentos atômicos e moleculares. Qual é a relação entre essa modificação cerebral e os objetos externos?

A tese do paralelismo consistirá em afirmar que, uma vez de posse do estado cerebral, podemos suprimir com uma varinha mágica todos os objetos percebidos sem nada mudar do que se passa na consciência, pois é esse estado cerebral causado pelos objetos, e não o próprio objeto, que determina a percepção consciente. Mas como não ver que uma proposição desse tipo é absurda na hipótese idealista? Para o idealismo, os objetos externos são imagens e o cérebro é uma delas. Não há nas coisas em si mesmas nada além do que é mostrado ou mostrável na imagem que elas apresentam. Portanto não há numa dança de átomos cerebrais nada mais do que a dança desses átomos. Visto que isso é tudo o que se supôs no cérebro, isso é tudo o que nele se encontra e tudo o que se pode extrair dele. Dizer que a imagem do mundo circundante sai dessa imagem, ou se expressa por essa imagem, ou surge quando essa imagem é apresentada, ou é obtida quando se obtém essa imagem, seria contradizer-se, visto que se supôs que essas duas imagens, o mundo externo e o movimento intracerebral, são da mesma natureza e que a segunda imagem é, por hipótese, uma ínfima parte do campo da representação, ao passo que a primeira preenche inteiramente o campo da representação. A estimulação cerebral conter virtualmente a representação do mundo exterior pode parecer inteligível numa doutrina que faz do movimento algo *subjacente* à representação que temos dele, um poder misterioso do qual percebemos apenas o efeito produzido sobre nós. Mas isso ressalta imediatamente como contraditório na doutrina que reduz o próprio movimento a uma representação, pois equivale a dizer que um cantinho da representação é a representação inteira.

Posso conceber, na hipótese idealista, que a modificação cerebral seja um *efeito* da ação dos objetos externos, um movimento recebido pelo organismo e que vai preparar reações apropriadas: imagens em meio a imagens, imagens moventes como todas as imagens, os centros nervosos apresentam partes móveis que recolhem certos movimentos externos e os prolongam em movimentos de reação ora concluídos ora apenas começados. Mas o papel do cérebro reduz-se então a sofrer certos efeitos das outras representações, a desenhar-lhes, como dizíamos, as articulações motoras. É nisso que o cérebro é indispensável para o restante da representação e por isso não pode ser lesado sem que sobrevenha uma perturbação menos ou mais geral da representação. Mas ele não desenha as representações propriamente ditas, pois, sendo representação, só poderia desenhar o todo da representação se deixasse de ser uma parte da representação para tornar-se ela toda. Portanto, formulada numa linguagem rigorosamente idealista, a tese do paralelismo se resumiria nesta proposição contraditória: *a parte é o todo.*

Mas a verdade é que se passa inconscientemente do ponto de vista idealista para um ponto de vista pseudorrealista. Começou-se por fazer do cérebro uma representação como as outras, engastada nas outras representações e inseparável delas: os movimentos interiores do cérebro, representação em meio a representações, não podem portanto suscitar as outras representações, visto que estas são dadas com eles, em torno deles. Mas insensivelmente se chega a erigir o cérebro e os movimentos intracerebrais em *coisas,* ou seja, em causas ocultas por trás de uma certa representação e cujo poder se estende infinitamente além do que é representado. Por que esse deslizamento do idealismo para o realismo? Muitas ilusões teóricas favorecem-no; mas ninguém se deixaria levar tão facilmente sem julgar-se incentivado pelos fatos.

Realmente, ao lado da percepção há a memória. Quando rememoro os objetos uma vez percebidos, eles podem não estar mais aqui. Meu corpo ficou sozinho; entretanto as outras imagens se tornarão novamente visíveis em forma de lembranças. Portanto, parece ser necessário que meu corpo, ou alguma parte de meu corpo, tenha o poder de evocar as outras imagens. Admitamos que ele não as cria: pelo menos é capaz de suscitá-las. Como o faria, se a um estado cerebral determinado não correspondessem lembranças determinadas e se não houvesse, nesse sentido preciso, paralelismo entre o trabalho cerebral e o pensamento?

Responderemos que, na hipótese idealista, é impossível a representação de um objeto na ausência *completa* do próprio objeto. Se no objeto presente há tão somente o que dele é representado, se a presença do objeto coincide com a representação que dele se tem, toda e qualquer parte da representação do objeto será, de certo modo, uma parte de sua presença. A lembrança não será mais o próprio objeto, concordo; para isso lhe faltarão muitas coisas. Em primeiro lugar, é fragmentária; usualmente retém apenas alguns elementos da percepção primitiva. Em segundo lugar, só existe para a pessoa que a evoca, ao passo que o objeto faz parte de uma experiência em comum. Por fim, quando a representação-lembrança surge, as modificações concomitantes da representação-cérebro já não são, como no caso da percepção, movimentos bastante fortes para excitar a representação-organismo a reagir imediatamente. O corpo já não se sente *provocado* pelo objeto percebido, e como é nessa *sugestão de atividade* que consiste o *sentimento da atualidade*, o objeto representado não aparece mais como atual: é o que se quer expressar ao dizer que ele já não está presente. A verdade é que, na hipótese idealista, a lembrança não pode ser mais que uma película destacada da representação primitiva ou, o que dá no mesmo, do objeto. Continua presente, mas a consciência desvia dela sua atenção enquanto não tiver algum motivo para considerá-la. Só tem interesse em percebê-la quando se sente capaz de utilizá-la, ou seja, quando o estado cerebral presente já desenha algumas das reações motoras nascentes que o objeto real (ou seja, a representação completa) teria determinado: esse começo de atividade do corpo confere à representação um começo de atualidade. Mas muito falta para que haja então "paralelismo" ou "equivalência" entre a lembrança e o estado cerebral. As reações motoras nascentes desenham alguns dos efeitos possíveis da representação que vai reaparecer, e não essa representação propriamente dita; e como a mesma reação motora pode acompanhar muitas lembranças diferentes, um estado determinado do corpo não evocará uma lembrança determinada; ao contrário, muitas lembranças diferentes serão igualmente possíveis e entre as quais a consciência poderá escolher. Todas estarão subordinadas a uma única condição: caberem no mesmo quadro motor. Nisso consistirá sua "semelhança", termo vago nas teorias correntes da associação e que adquire um sentido preciso quando é definido como a identidade das articulações motoras. Mas não insistiremos nesse ponto, que já foi objeto de trabalho anterior. Basta dizermos que, na hipótese idealista, os objetos percebidos coincidem com a representação completa e completamente atuante, os objetos rememorados coincidem com a mesma representação incompleta e incompletamente atuante, e que nem num caso nem no outro o estado cerebral equivale à representação, visto que faz parte dela. – Passemos agora ao realismo e vejamos se a tese do paralelismo psicofisiológico vai tornar-se mais clara.

Aqui estão novamente os objetos que povoam o campo de minha visão; aqui está meu cérebro no meio deles; aqui estão, por fim, em meus centros sensoriais, deslocamentos de moléculas e de átomos, ocasionados pela ação dos objetos externos. Do ponto de vista idealista, eu não tinha o direito de atribuir a esses movimentos internos o misterioso poder de acompanharem-se da representação das coisas externas, pois se ajustavam integralmente no que delas era representado; e, visto que, por hipótese, eram representados como movimentos de certos átomos do cérebro, eram movimentos de átomos do cérebro e nenhuma outra coisa. Mas a essência do realismo é supor que por trás de nossas representações há uma causa que difere delas. Nada o impedirá, parece, de considerar a representação dos objetos externos como implicada nas modificações cerebrais. Para alguns teóricos, esses estados cerebrais serão verdadeiramente criadores da representação, que é apenas o "epifenômeno" deles. Outros suporão, à maneira cartesiana, que os movimentos cerebrais ocasionam simplesmente o aparecimento das percepções conscientes, ou ainda que essas percepções e esses movimentos são apenas dois aspectos de uma realidade que não é nem movimento nem percepção. No entanto todos estarão de acordo em dizer que a um estado cerebral determinado corresponde um estado de consciência determinado, e que os movimentos interiores da substância cerebral, considerados à parte, revelariam detalhadamente a quem soubesse decifrá-los o que se passa na consciência correspondente.

Mas como não ver que a pretensão de considerar à parte o cérebro, à parte o movimento de seus átomos, envolve aqui uma contradição real? Um idealista tem o direito de declarar isolável o objeto que lhe dá uma representação isolada, visto que para ele o objeto não se distingue da representação. Mas o realismo consiste precisamente em rejeitar essa pretensão, em considerar artificiais ou relativas as linhas de separação que nossa representação traça entre as coisas, em supor abaixo delas um sistema de ações recíprocas e de virtualidades encavaladas e, por fim, em definir o objeto não mais por seu ingresso em nossa representação, e sim por sua solidariedade com o todo de uma realidade incognoscível em si mesma. Quanto mais a ciência aprofunda a natureza do corpo na direção de sua "realidade", mais ela reduz cada propriedade desse corpo, e portanto sua própria existência, às relações que ele mantém com o restante da matéria capaz de influenciá-lo. Na verdade, os termos que se influenciam reciprocamente – não importa qual nome recebam, átomos, pontos materiais, centros de força etc. – são vistos pela ciência apenas como termos provisórios; a influência recíproca ou *interação* é que constitui para ela a realidade definitiva.

Ora, vocês começaram atribuindo-se um cérebro que, segundo dizem, objetos externos a ele modificam de modo a suscitar representações. Depois fizeram tábula rasa desses objetos externos ao cérebro e atribuíram à modificação cerebral o poder de, por si só, desenhar a representação dos objetos. Mas, retirando os objetos que a enquadram, retiram também, queiram ou não, o estado cerebral que deles recebe suas propriedades e sua realidade. *Vocês só o conservam porque passam sub-repticiamente para o sistema de notação idealista, em que se coloca como isolável de direito o que está isolado na representação.*

Atenham-se à sua hipótese. Os objetos externos e o cérebro estando presentes, ocorre a representação. Vocês devem dizer que essa representação não depende somente do estado cerebral, e sim do estado cerebral *e* dos objetos que o determinam, estado e objetos que agora formam juntos um bloco indivisível. Mais uma vez, portanto, a tese do paralelismo, que consiste em separar os estados cerebrais e supor que eles poderiam criar, ocasionar ou pelo menos expressar, por si sós, a representação dos objetos, não poderia ser enunciada sem destruir a si mesma. Em linguagem estritamente realista ela se formularia assim: *Uma parte, que deve tudo o que é ao restante do todo, pode ser concebida como subsistindo quando o restante do todo desaparece.* Ou ainda, mais simplesmente: *Uma relação entre dois termos equivale a um deles.*

Ou os movimentos de átomos que se realizam no cérebro são realmente o que mostram na representação que deles teríamos ou diferem dela. Na primeira hipótese, serão tais como os teremos percebido, e o restante de nossa percepção será então outra coisa: haverá entre eles e o restante uma relação de conteúdo para continente. Esse é o ponto de vista idealista. Na segunda hipótese, a realidade íntima de tais movimentos é constituída por sua solidariedade com tudo o que está por trás do conjunto de nossas outras percepções; e, simplesmente porque consideramos sua realidade íntima, consideramos o todo da realidade com o qual eles formam um sistema indiviso: o que equivale a dizer que o movimento intracerebral, visto como um fenômeno isolado, desaparece, e que não se pode mais dar como substrato para a representação integral um fenômeno que é apenas uma parte dela, e uma parte artificialmente destacada de seu meio.

Mas a verdade é que o realismo nunca se mantém em estado puro. Pode-se colocar a existência do real em geral por trás da representação: assim que se começa a falar de uma realidade em particular, obrigatoriamente se faz a coisa coincidir menos ou mais com a representação que se tem dela. Sobre o fundo de realidade oculta, em que tudo está necessariamente implicado em tudo, o realismo desdobra as representações explícitas que para o idealista são a própria realidade. Realista no momento em que coloca o real, torna-se idealista assim que afirma algo dele, pois nas explicações detalhadas a notação realista agora tem de consistir apenas em inscrever sob cada termo da notação idealista uma *indicação* assinalando seu caráter provisório. Que seja; mas então o que dissemos do idealismo vai aplicar-se ao realismo que tomou o idealismo a seu encargo. E fazer dos estados cerebrais o equivalente das percepções e das lembranças corresponderá sempre, não importa qual nome se der ao sistema, a afirmar que a parte é o todo.

Aprofundando os dois sistemas, ver-se-ia que o idealismo tem como essência deter-se no que é apresentado ao longo do espaço e nas divisões espaciais, ao passo que o realismo considera superficial essa apresentação e artificiais essas divisões: imagina, por trás das representações justapostas, um sistema de ações recíprocas e, consequentemente, uma *implicação* das representações umas nas outras. Como, aliás, nosso conhecimento da matéria não poderia sair inteiramente do espaço, e como tal implicação recíproca, por mais profunda que seja, não poderia tornar-se extraespacial sem tornar-se extracientífica, o realismo não pode deixar para trás o idealismo em suas explicações. Sempre se está menos ou mais no idealismo (tal como o definimos) quando se trabalha como cientista; caso contrário, nem sequer se pensaria em considerar partes isoladas da realidade para condicioná-las uma com relação à outra, o que constitui a própria ciência. Portanto, aqui a hipótese do realista é tão somente um ideal destinado a lembrar-lhe que nunca terá aprofundado suficientemente a explicação da realidade, e que deverá estabelecer relações cada vez mais íntimas entre as partes do real que se justapõem diante de nós no espaço. Mas o realista não pode impedir-se de hipostasiar esse ideal. Hipostasia-o nas representações estendidas, que para o idealista eram a própria realidade. Então essas representações se tornam para ele *coisas*, ou seja, reservatórios contendo virtualidades ocultas; isso lhe permitirá considerar os movimentos intracerebrais (agora erigidos em coisas e não mais em simples representações) como contendo em potência a representação integral. Nisso consistirá sua afirmação do paralelismo psicofisiológico. Ele esquece que havia situado o reservatório fora da representação e não nela, fora do espaço e não no espaço, e que em todo caso sua hipótese consistia em supor a realidade ou indivisa ou articulada diferentemente da representação. Fazendo corresponder a cada parte da representação uma parte da realidade, articula o real como a representação, desdobra a realidade no espaço e abandona seu realismo para entrar no idealismo, em que a relação do cérebro com o restante da representação é evidentemente a da parte com o todo.

Vocês falavam inicialmente do cérebro tal como o vemos, tal como o destacamos do conjunto de nossa representação: portanto era apenas uma representação, e estávamos no idealismo. Portanto, repetimos, a relação do cérebro com o restante da representação era a da parte com o todo. Disso vocês passaram bruscamente para uma realidade que *embasaria* a representação. Que seja; mas então ela é subespacial, o que equivale a dizer que o cérebro não é uma entidade independente. Agora não há mais que o todo da realidade incognoscível em si, sobre o qual se estende o todo de nossa representação. Estamos no realismo; e nesse realismo, como no idealismo de agora há pouco, os estados cerebrais não são o equivalente da representação: repetimos, é a totalidade dos objetos percebidos que entrará novamente (desta vez dissimulada) na totalidade de nossa percepção. Mas eis que, descendo aos detalhes do real, continuam a compô-lo do mesmo modo e segundo as mesmas leis que a representação, o que equivale a não mais distingui-los um do outro. Portanto, retornam ao idealismo, onde deveriam permanecer. Mas não. Conservam realmente o cérebro tal como é representado, mas esquecem que, se o real é desdobrado na representação, *estendido* nela e não mais *contraído* nele, não pode mais conter as potências e virtualidades de que falava o realismo; erigem então os movimentos cerebrais em equivalentes da representação inteira. Portanto, oscilaram do idealismo para o realismo e do realismo para o idealismo, mas tão rapidamente que julgaram estar imóveis e, por assim dizer, a cavalo sobre os dois sistemas reunidos num único. Essa aparente conciliação de duas afirmações inconciliáveis é a própria essência da tese do paralelismo.

Tentamos dissipar a ilusão. Não pretendemos tê-lo conseguido inteiramente, tantas são as ideias, simpáticas à tese do paralelismo, que se agrupam em torno dela e impedem a abordagem. Dessas ideias, umas foram engendradas pela própria tese do paralelismo; inversamente, outras, anteriores a ela, levaram à união ilegítima da qual a vimos nascer; outras por fim, sem relações de parentesco, tomaram-na como modelo por viverem a seu lado. Todas formam hoje ao seu redor uma imponente linha de defesa, que não pode ser forçada num ponto sem que a resistência renasça em outro. Citamos particularmente:

1.º A ideia implícita (poderíamos mesmo dizer inconsciente) de uma *alma cerebral*, ou seja, de uma concentração da representação na substância cortical. Como a representação parece mover-se com o corpo, raciocina-se como se no corpo em si existisse o equivalente da representação. Os movimentos cerebrais seriam esses equivalentes. Assim, para perceber o universo sem precisar mexer-se, a consciência tem apenas de dilatar-se no espaço restrito do córtex cerebral, verdadeira "câmara escura" onde se reproduz em tamanho reduzido o mundo circundante.

2º. A ideia de que toda causalidade é mecânica e de que não há no Universo nada que não seja matematicamente calculável. Então, como nossas ações derivam de nossas representações (tanto passadas quanto presentes), é preciso, sob pena de admitir uma derrogação da causalidade mecânica, supor que o cérebro de onde parte a ação continha o equivalente da percepção, da lembrança e do próprio pensamento. Mas a ideia de que o mundo inteiro, inclusive os seres vivos, depende da matemática pura é apenas uma visão teórica apriorística que remonta aos cartesianos. Pode-se expressá-la à moderna, traduzi-la na linguagem da ciência atual, incorporar-lhe um número sempre crescente de fatos observados (a que se chegou por meio dela) e atribuir-lhe então origens experimentais: nem por isso a parte efetivamente mensurável do real fica menos limitada, e a lei, vista como absoluta, conserva o caráter de uma hipótese metafísica, que já tinha na época de Descartes.

3º. A ideia de que, para passar do ponto de vista (idealista) da *representação* para o ponto de vista (realista) da *coisa em si*, basta substituir nossa representação imagética e pitoresca por essa mesma representação reduzida a um desenho sem cor e pelas inter-relações matemáticas de suas partes. Hipnotizados, por assim dizer, pelo vazio que nossa abstração acaba de criar, aceitamos a sugestão de não sei qual maravilhosa significação inerente a um simples deslocamento de pontos materiais no espaço, ou seja, a uma percepção diminuída, ao passo que nunca teríamos pensado em dotar de uma tal virtude a imagem concreta, e no entanto mais rica, que encontrávamos em nossa percepção imediata. A verdade é que é preciso optar entre uma concepção da realidade que a espalha no espaço e portanto na representação, considerando-a integralmente como atual ou atualizável, e um sistema em que a realidade se torna um reservatório de potências e então está concentrada em si mesma e, consequentemente, é extraespacial. Nenhum trabalho de abstração, de eliminação, de diminuição enfim, efetuado na primeira concepção, nos aproximará da segunda. Tudo o que se terá dito sobre a relação entre o cérebro e a representação num idealismo pitoresco, que se detém nas representações imediatas ainda coloridas e vivas, se aplicará *a fortiori* a um idealismo científico em que as representações são reduzidas a seu esqueleto matemático, mas em que mostram ainda mais claramente, com seu caráter espacial e sua exterioridade recíproca, a impossibilidade de uma delas conter em si todas as outras. Por ter apagado das representações extensivas, atritando-as umas contra as outras, as qualidades que as diferenciam na percepção, não se terá avançado um passo rumo a uma realidade supostamente em tensão e portanto tanto mais real quanto mais inextensiva for. Seria o mesmo imaginar que uma moeda desgastada, tendo perdido a marca precisa de seu valor, adquiriu um poder de compra indefinido.

4.º A ideia de que, se dois todos são solidários, cada parte de um é solidária de uma parte determinada do outro. Então, como não há estado de consciência que não tenha seu concomitante cerebral, como uma variação do estado cerebral sempre implica uma variação do estado de consciência (embora a recíproca não seja necessariamente verdadeira em todos os casos), como, por fim, uma lesão da atividade cerebral provoca uma lesão da atividade consciente, conclui-se que a uma fração qualquer do estado de consciência corresponde uma parte determinada do estado cerebral, e que portanto um dos dois termos é substituível pelo outro. Como se fosse de direito estender para os detalhes das partes, relacionadas cada uma com cada outra, o que foi observado ou inferido apenas dos dois todos, e converter assim uma relação de solidariedade numa relação entre equivalentes! A presença ou ausência de um parafuso pode fazer com que uma máquina funcione ou não funcione: acaso isso significa que cada parte do parafuso corresponde a uma parte da máquina e que a máquina tem seu equivalente no parafuso? Ora, a relação entre o estado cerebral e a representação poderia bem ser essa entre o parafuso e a máquina, ou seja, entre a parte e o todo.

Essas quatro ideias envolvem um grande número de outras que seria interessante analisar por sua vez, porque nelas se encontrariam outros tantos harmônicos, digamos assim, dos quais a tese do paralelismo dá o som fundamental. No presente estudo, simplesmente procuramos destacar a contradição inerente à tese em si. Precisamente porque as consequências a que ela conduz e os postulados que encerra cobrem, por assim dizer, todo o campo da filosofia, pareceu-nos que esse exame crítico se impunha, e que ele podia servir de ponto de partida para uma teoria considerando o espírito em suas relações com o determinismo da natureza.